1페이지 전략 수업

일러두기

· 책에 등장하는 주요 인명, 지명, 기업명 등은 국립국어원 외래어 표기법을 따랐지만, 일부 단어에 대해서는 소리 나는 대로 표기했다.
· 옮긴이가 독자들의 이해를 위해 덧붙인 글에는 괄호 처리하고 '옮긴이'라 표시했다.
· "에피소드"는 오른쪽에서 왼쪽으로 읽는다.
· 국내에 번역 출간되지 않은 도서는 제목을 직역하고 참고문헌에 원제를 병기했다. .

Original Japanese title:

3000 NEN NO EICHI WO MANABERU SENRYAKU ZUKAN

VS

●●.CO

그림으로 한눈에 보는

1페이지

전

략

수

업

스즈키 히로키 지음 | 이정은 옮김

"3000년 인류 지혜의
정수를 배우다"

쌤앤파커스

Contents

2장 경쟁 전략

3장 경쟁을 피하는 경쟁 전략

4장 기업 전략

5장 실행 전략

6장 혁신 전략

7장 IT시대 전략

8장 전쟁 전략

Prologue

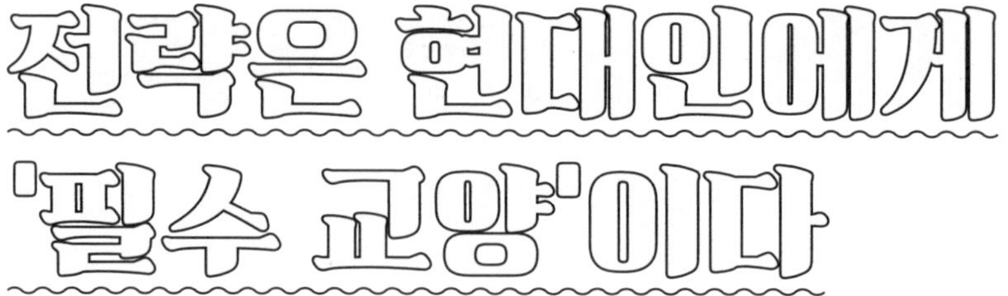

전략은 현대인에게 '필수 교양'이다

고대부터 21세기 최전선까지 사용되는 '전략'이란 무엇인가?

어떤 개념인지 어렴풋이 알고는 있지만, 정확히 대답하지는 못하는 것이 있습니다. '전략'이라는 말의 의미가 바로 그런 것 아닐까요? 인터넷에서 이 단어를 검색하면 하늘에 뜬 별만큼이나 무수히 많은 관련 정보가 나오고, 특히 비즈니스를 하는 분이라면 전략이라는 단어는 귀에 못이 박일 정도로 자주 듣는 키워드일 것입니다.

'전략' 하면 떠오르는 가장 단순한 이미지는 '무슨 무슨 성공법칙'일 겁니다. 그러나 저는 "전략이란 추적지표"라고 정의합니다. 이편이 알기 쉽고 응용하기도 수월하기 때문입니다.

여러분이 자동차 경주에 참가한다고 가정해봅시다. 이기기 위한 작전은 다양하지만, 이때 '엔진의 마력'을 추구한다면 '대마력大馬力 전략'이 됩니다. '차체 경량화'를 추구한다면 '경량화 전략', '드라이버 실력'에 집중한다면 '드라이버 역량 전략'을 선택하게 됩니다. 여기서 중요한 것은 '뒤좇는다'는 점입니다. 우리는 의식적으로 특정한 전략을 택하지만, 방금의 예처럼 다양하게 선택할 수 있습니다. 예를 들어, 대마력 엔진을 장착하는 것만으로는 경기에서 이길 수 없다고 판단한다면 '다른 지표'를 추구해야 합니다.

상대가 '있는' 전략 VS 상대가 '없는' 전략

전략 중에는 '경쟁 전략'이라고 부르는 분류가 있습니다. 경쟁 상대가 있는 경우, 상대보다 우위에 서야 이익을 얻을 수 있기 때문입니다. 순위를 겨루는 레이스나 성적으로 획득하는 상금에서 차이가 나는 경연대회, 특정한 시장에서 이익을 다투는 비즈니스 등을 들 수 있습니다.

그렇다면 경쟁하지 '않는' 전략도 있을까요? 물론 존재합니다. 예를 들어, 건강관리라든가 안전운전 주의 등의 목표에는 경쟁이 없습니다. 이와 같은 '추적지표'를 뒤좇는 사람들 대부분은 건강이든 안전운전이든 어떤 형태로든 혜택을 받게 됩니다. 상대와 앞서거니 뒤서거니 하지 않아도 같은 지표를 뒤좇는 모두가 이익을 얻을 수 있는 거죠.

다만 이러한 전략은 대부분 실행해도 극적인 이익을 얻기에 쉽지 않습니다. 경쟁하지 않는 상태에서의 전략은 '남보다 우월해지고 싶다.'라는 인간의 선천적인 욕구를 충족시키지 못합니다. 경쟁 상대가 있는 경우에는 시시각각으로 상황이 변하지만, 상대가 없다면 목표가 바뀌는 일도 거의 없어서 얻게 되는 이익의 진폭도 좁아지기 마련입니다.

'경쟁'은 필연적으로 상대에게 상처를 주는 것일까?

경쟁하지 않는 전략과는 달리, '전쟁 전략'은 전형적인 경쟁 전략이라고 할 수 있습니다. 반드시 싸우는 상대가 있기 때문입니다. 승리한 측에게는 큰 이익이 생기는 반면, 진 측은 막대한 손실을 보게 됩니다. 이 책에서는 1, 8장에서 '전쟁 전략'을, 2장에서 '경쟁 전략'을 다룹니다.

그렇다면, 꼭 상대와 전면전을 벌이거나 우위에 서야만 승리하게 되는 걸까요? 그렇지는 않습니다. 타인과의 '싸움'이 아니더라도 타인과의 '협조'로 승리할 수 있는 전략도 있습니다. 바로 '협조 전략'입니다. 이에 대해서는 3장의 '경쟁을 피하는 경쟁 전략'에서 설명하겠지만, 자신이나 자신이 소속된 조직뿐 아니라 상대에게도 혜택이 있습니다. 정말 훌륭하지 않습니까? 이것이야말로 전략을 일컬어 '인류의 뛰어난 지혜'라고 부르는 이유일지도 모릅니다.

'3000년 인류 지혜의 정수'를 배우다

이 책을 읽으면 아시겠지만, 전략은 인류의 역사와 함께하며 축적되어온 위대한 이치입니다. 고대 전쟁과 중세의 정치투쟁, 현대의 비즈니스 경쟁까지 승자와 패자가 있는 곳에서는 늘 '전략'이 있었습니다.

전략의 역사는 인류의 역사이기도 합니다. 이 책에서는 기원전에 태어난 전략도 소개합니다. '먼지가 켜켜이 쌓여 해묵은 전략을 배워서 어디에 쓰지?'라고 생각하실지도 모르겠습니다만, 오래된 전략이 있었기에 현대의 최첨단 전략이 만들어질 수 있었던 겁니다. 따라서 이 책을 통해 전략이 어떻게 진화해왔는지 배워야 합니다.

'전략'을 정의하는 일은 미래에 대한 통찰이며, 자연스럽게 '앞날을 계획'하는 습관을 익히도록 합니다. 더 나은 상황을 만들기 위한 전략은 '해결책'을 고안하는 도구로써 여러분이 인생에서 곤란한 상황에 맞닥뜨렸을 때 큰 도움이 되어줄 것입니다. 앞이 보이지 않는다고 불안에 휩쓸리는 일 없이 글자 그대로 '전략적으로' 살아갈 수 있도록 이끌어줄 것입니다.

성패는 전략을 선택하는 그 순간 결정된다

21세기에 들어서면서 기술은 더욱 진화하고, 우리 생활은 계속해서 변화하고 있습니다. GAFAGoogle, Apple, Facebook, Amazon라고 부르는 세계 기업의 출현으로 대표되듯이 21세기는 세계의 모습을 급속히 변화시키는 기업 전략이 차례로 등장하는 새 시대이기도 합니다. 따라서 이미 전략을 알고, 승자가 된 사람만이 큰 힘을 얻고 있습니다.

새로운 전략은 분석을 통해 설명이 가능해져야 비로소 문서로 만들어집니다. 그런데 실제로 기능하기 시작한 새 전략은 아직 정의되지 않았는데도, 이미 사회에서 큰 힘을 발휘하고 있는 불가사의한 존재입니다. 이러한 최신 비즈니스 전략은 6, 7장에서 다룹니다.

이 책은 비즈니스 세계에서 큰 힘을 발휘하고 있는 최신 전략을 시작으로 긴 세월 이어진 해묵은 지혜까지 큰 줄기를 '잡기' 위한 첫걸음을 내딛도록 도와줍니다. 1장에서 소개하는《손자병법》은 기원전 500년경에 쓰였다고 전해집니다. 이 역시도 어느 날 갑자기 튀어나온 게 아니라, 오랜 세월을 거쳐 세상에 나왔다고 보는 것이 자연스럽습니다. 수없이 많은 지혜를 남겨준 선조들에게 경의를 표합니다.

이제 현대 교양인 전략의 신세계에, 거침없이 뛰어들어봅시다!

스즈키 히로키

고대부터 현대까지 전략사 지도

고대
중세
고대 군대의
전투 역학
손자
싸움이 있으면
전략이 생겨난다.
약자도 이길 수
있도록 지혜를 써라!
알렉산더 대왕
율리우스 카이사르
기회를 잡는
자야말로,
승자가 된다!
통제, 규율,
조직 관리의 위력
한비자
베게티우스: 《군사학 논고》
니콜로 마키아벨리: 《군주론》
'올바른 목표'를 세우고
상황에 따라
유연성을 발휘하는
자가 명군名君!
기동력과 화력의 활용
칭기즈칸
나폴레옹 보나파르트
카를 폰 클라우제비츠

◆ 나폴레옹 시대 이후에 전략론이 증가한 이유 ◆

고대에서 중세까지 가장 유명한 전략이론은 로마 황제의 군사가인 베게티우스의 《군사학 논고》이지만 이후 나폴레옹 시대까지 저명한 전략론이 등장하지 않았는데, 가장 큰 이유는 군사기술 혁신의 부재를 꼽을 수 있다.

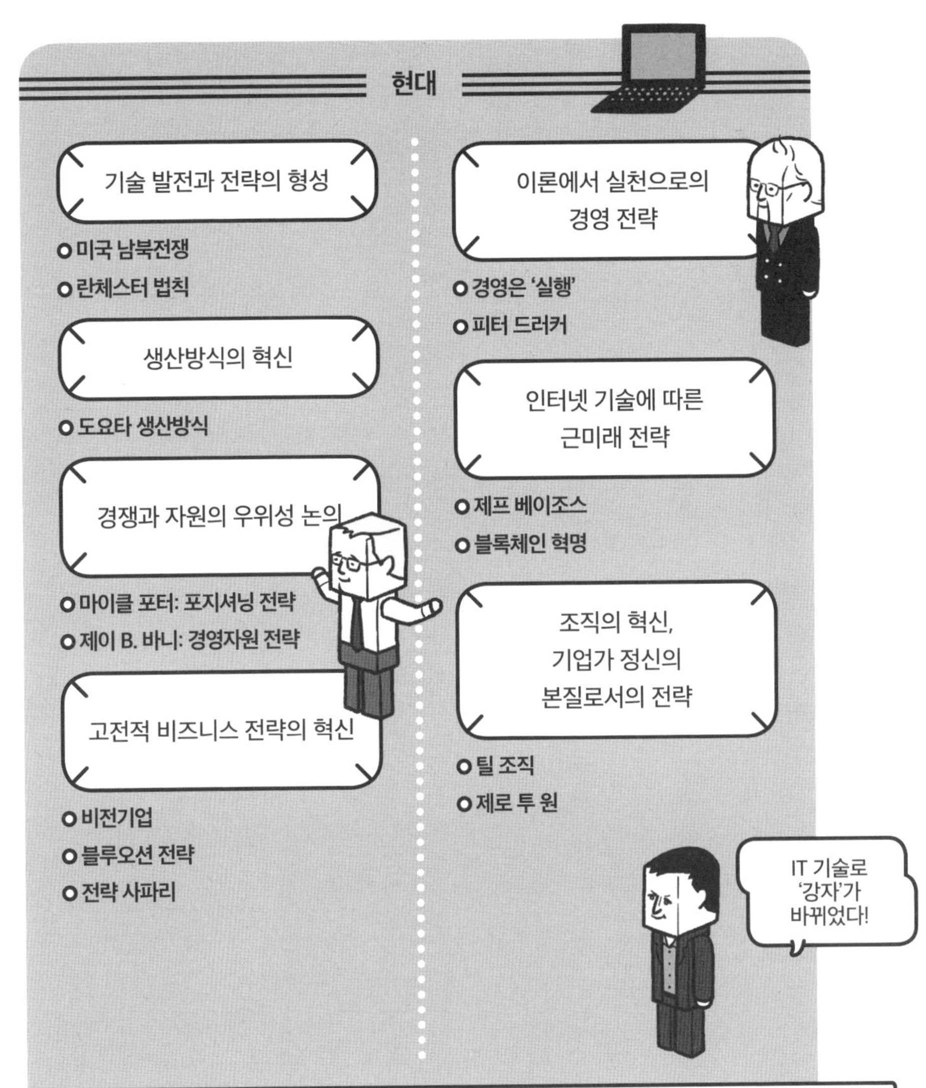
현대
기술 발전과 전략의 형성
미국 남북전쟁
란체스터 법칙
생산방식의 혁신
도요타 생산방식
경쟁과 자원의 우위성 논의
마이클 포터: 포지셔닝 전략
제이 B. 바니: 경영자원 전략
고전적 비즈니스 전략의 혁신
비전기업
블루오션 전략
전략 사파리
이론에서 실천으로의 경영 전략
경영은 '실행'
피터 드러커
인터넷 기술에 따른 근미래 전략
제프 베이조스
블록체인 혁명
조직의 혁신, 기업가 정신의 본질로서의 전략
틸 조직
제로 투 원
IT 기술로 '강자'가 바뀌었다!

나폴레옹은 포술을 배웠을 뿐 아니라, 대포 제조기술을 향상시켰고 덕분에 휴대성이 좋아지면서 대포를 산꼭대기까지 운반할 수 있게 되었다. 이처럼 기술적 발전은 지금까지 불가능했던 일을 가능하게 만들었고, 새로운 전략이 등장하는 배경이 되었다.

이 책 사용법

시대와 카테고리별로 나누어 38가지의 전략가와 전략서, 전략론을 소개합니다. 사람과 서명 등으로 통일하지 않고, 친근감 있는 키워드로 구성했습니다. 읽고 싶은 부분부터 펼쳐 보시면 됩니다.

'전략 포인트'에서는 전략을 크게 3가지로 요약했습니다. 주로, 전략서의 문장이나 전략가가 남긴 말 등에서 발췌했습니다.

이 책에서 다룬 전략서는 '참고문헌'에 게재했습니다. 더욱 깊이 이해하고 싶은 분, 흥미가 생긴 분께서는 꼭 한번 읽어보시기 바랍니다.

1장

시대별 최고의 지략가

모든 대결에는 전략이 있나니.

예로부터 국가든 사람이든 유리한 자리를 선점하고자 할 때,
'전략'을 갈고닦았다.
고대에서 근대까지 활용된 '지혜'를 살펴보자.

전략

1

유연하다면 승기는 얼마든지 잡을 수 있다!

《손자병법》

백전백승이 최선은 아니다!

성립 과정

고대 중국의 전쟁을 연구한 손자는 자신을 등용한 오나라의 재상 오자서의 명령으로 숙적인 초나라를 무너뜨리기 위한 방책을 세웠다. 적의 세력을 서서히 무산시키고, 적이 대비하지 못한 장소를 공격한다는 발상을 떠올린 것이다.

생각한 사람

기원전 500년경에 중국 오나라에서 장군이 된 손자가 이 병법서의 저자라고 전해진다. 오나라는 손자의 정교한 지휘로 경쟁국인 초나라에 극적으로 승리를 거뒀다.

내용

《손자병법》은 전 13편으로 이뤄진 전략서로, 간결한 문체의 고전이지만, 깊이 사고하며 읽어야 한다. 현대에도 군사조직 등에서 계속 연구되고 있다.

우리도 팬입니다

나폴레옹 보나파르트

빌 게이츠

손정의

고민

항상 수적 우세일 수는 없다.

해답

병력의 우세나 규모 등 한 가지 면에
시선을 빼앗기지 마라!
한 측면에만 집착하면 승기를 빼앗긴다.

1

손자병법

전략 포인트

① 적의 강점을 피해서 싸운다

적의 형세를 손에 넣고 내 형세는 내보이지 않는다면, 우리는 모이고 적은 흩어지는 것이다.

② 최선의 방책은 싸우지 않고 이기는 것이다

백전백승은 선善 중의 선이 아니다. 싸우지 않고 적의 병사를 굴복시켜야 선 중의 선이다.

③ 무력은 승리의 필수조건이 아니다

병사를 잘 쓰는 자는 적의 병사를 굴복시킬 때도 싸우지 않는다. 성城을 빼앗는 때도 공격하지 않고, 적의 나라를 무너뜨릴 때도 오래 걸리지 않는다. 그 무엇도 잃지 않으며 천하와 싸울 것이다.

전략 포인트 1

적의 강점을 피해서 싸운다

상대의 강점과 특기를 피해,
상대가 예기치 못한 장소에서 승부를 겨룬다.

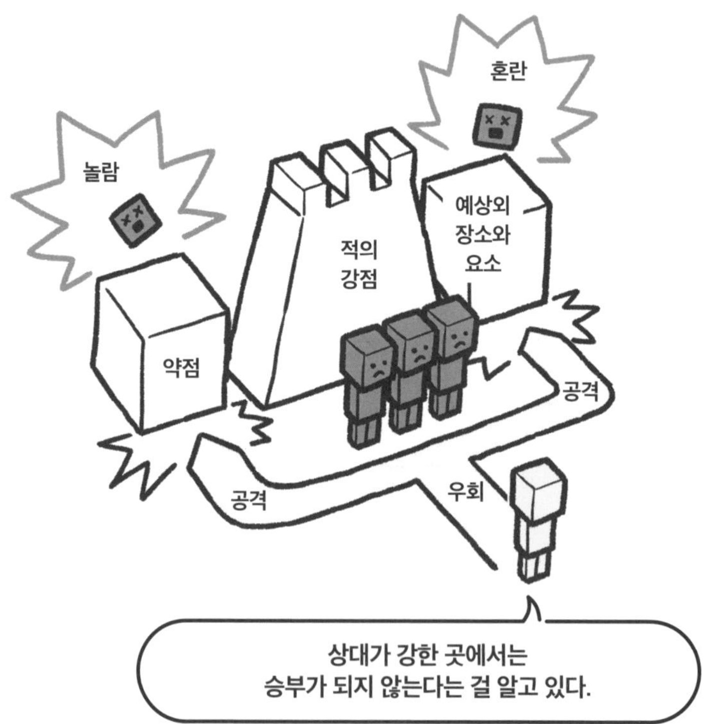

혼란
놀람
예상외
장소와
요소
적의
강점
약점
공격
공격
우회

상대가 강한 곳에서는
승부가 되지 않는다는 걸 알고 있다.

실천

경쟁자가 강점으로 삼는 부분을 피해서 누구도 예상하지 못한 곳을 공격한다면 쉽게 이길 수 있다.

전략 포인트 2

최선의 방책은 싸우지 않고 이기는 것이다

정면 승부에 나서면 우리도 피폐해진다.
싸우지 않고도 상대가 굴복할 방법을 찾는다.

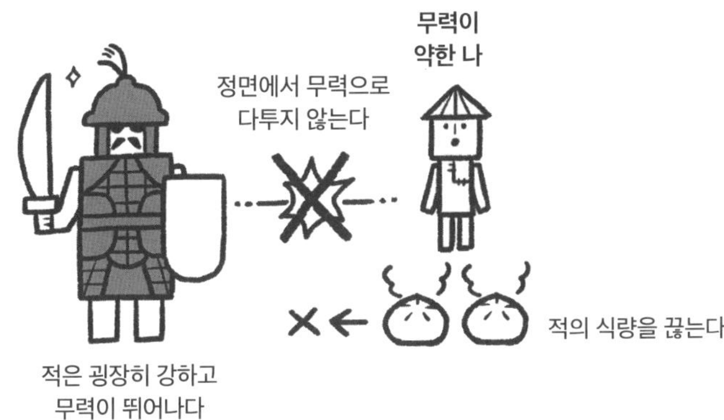
무력이
약한 나
정면에서 무력으로
다투지 않는다
적의 식량을 끊는다
적은 굉장히 강하고
무력이 뛰어나다

졌습니다.
승리!
적은 식량이 없어서 싸우지 못한다
싸우지 않고 이길 수 있다면,
자신의 전력도
손실되지 않으므로
최고의 승리법이라 할 수 있다.

실천

직접 부딪히기보다는 경쟁에서 상대에게 필요한 기본조건을 빼앗는 편이 낫다.

전략 포인트 3

무력은 승리의 필수조건이 아니다

목적은 '승리'이지 '전투'가 아니다.
교섭력, 정치력 모두 활용하자.

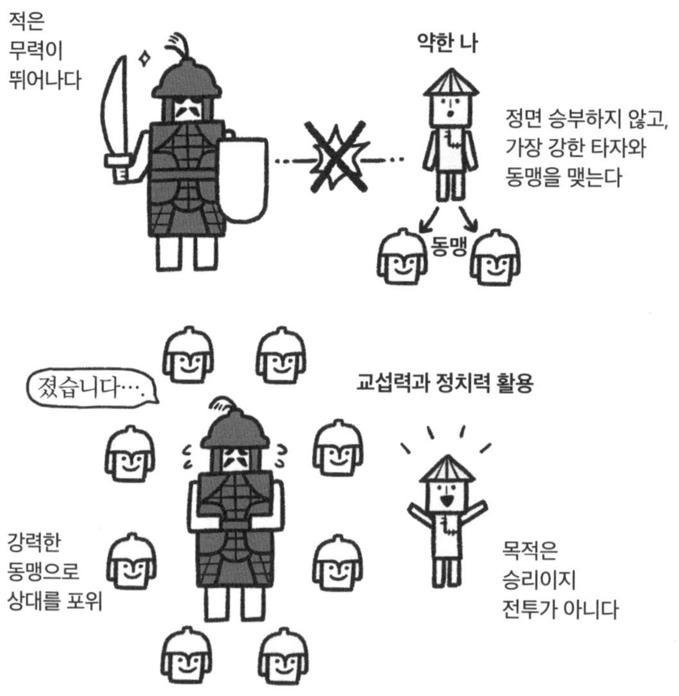

적은
무력이
뛰어나다
약한 나
정면 승부하지 않고,
가장 강한 타자와
동맹을 맺는다
동맹
졌습니다….
교섭력과 정치력 활용
강력한
동맹으로
상대를 포위
목적은
승리이지
전투가 아니다

무력이 부족하다면 다른 누군가에게 힘을 빌리면 된다!

실천

일대일로 전투에 나서야 한다는 법칙은 없다. 동맹자나 적의 적의 힘을 이용해 상대를 압도한다.

전략사례연구

상대의 강점과 차별화하여 승부한 사례

1

손자병법

프랑스 레스토랑을 입식 스타일로 제안. 일류 셰프에 일류 식자재인데도 저가 실현!

일반 프랑스 레스토랑

오랜 시간 머무를 수 있는 분위기 연출.
식품 원가율은 30% 정도이다.

우리 레스토랑

식당 테이블을 입식 스타일로 바꿔 회전율을 높이고,
좋은 음식 재료를 사용한다(원가율 60%).

실천

후발 기업이 똑같은 무기로 싸워서는 질 게 뻔하다. 위 사례처럼 완전히 다른 무기로 나서야 한다.

에피소드

모두의 워너비, 손자!

《손자병법》의 저자 '손자'에게는 비밀이 많다.
안녕하십니까. 신비로운 남자 손자입니다.
알려진 것은
짜잔~
손자병법
병법서가 만들어진 것이 기원전 5세기경이라는 정도.
두 사람이 있었다?!
이런 소문도…!
손자 기원전 5세기
손자 기원전 4세기
손자는 나야, 나!
아냐, 나라니까!
애독자는 어마어마하게 많은데
《삼국지》의 조조도 그중 한 사람.
손자
너무너무 멋져!
즐겨 읽다 보니 간부들에게
널리 나눠줬다고.
자네 이 책 읽게.
자네도
예….

전략 2

상대를 곤란에 빠뜨려 우위에 선다

한니발 바르카

길이 보이지
않으면
만들면 돼!

생각한 사람

'전략의 아버지'라고 불리는 한니발 바르카는 기원전 247년 출생으로, 지중해의 패권을 쥐고 있던 카르타고의 장군이다. '바르카'는 '전광電光'이라는 뜻이다.

내용

카르타고와 로마의 전투 '제2차 포에니 전쟁'. 한니발의 군대(카르타고군)는 약 9만 명으로 출발했으나, 이탈리아 도착 시에는 절반으로 줄었다. 대적하는 로마군은 총수 30만 명이 넘는 대병력이었는데도 한니발은 첫 전투부터 연전연승을 거두며 로마를 뒤흔들어 놓았다. 상대의 의표를 찌르는 기습으로 극적인 승리를 거두어 로마연합의 해체를 노렸다.

성립 과정

이탈리아 반도에서 세력을 확대하던 로마와 카르타고는 패권을 다퉜다. 군인이었던 한니발의 아버지는 로마와의 전쟁에서 제해권을 잃었지만, 실지失地 회복과 로마의 멸망을 위해 한니발은 이탈리아 반도로 진격하여 우세했던 로마군과 대결했다.

고민

압도적으로 우세한 상대에게 역전 승리하고 싶다.

해답

의표를 찌르고, 그 혼란을 틈타 상대를 압도한다.

전략 포인트

① '적의 적=아군'은 영원한 기본 전략이다

로마라는 공통의 적을 만든 한니발은 갈리아인을 포함하여 여러 부족, 국가를 아군으로 삼는 데 성공했다.

② '상대의 의표'를 찔러 형세를 역전시킨다

로마군이 전혀 예상치 못한 지역(북이탈리아)에서 군사 5만 명과 코끼리부대 37두를 이끌고 침입하여 미처 대비하지 못한 적군을 혼란에 빠뜨린 상태에서 전투를 시작, 극적인 승리를 얻었다.

③ 타인에게 의존하는 요소가 늘면 계획은 무너지기 쉽다

한니발은 의표를 찌르는 승리로 로마의 전의를 상실시키고 연승하며 로마 식민지가 로마에 반기를 들게 하여 카르타고의 아군이 되기를 '기대했다'. 그러나 이것은 한니발이 강요할 수 있는 요소가 아니었다. 한니발의 승리는 제어할 수 없는 상황에 의존하는 경향이 강했다.

전략 포인트 1

'적의 적=아군'은 영원한 기본 전략이다

2

한니발 바르카

'적은 로마'라는 공통의 적을 만드는 효과로 전투를 유리하게 이끈다.

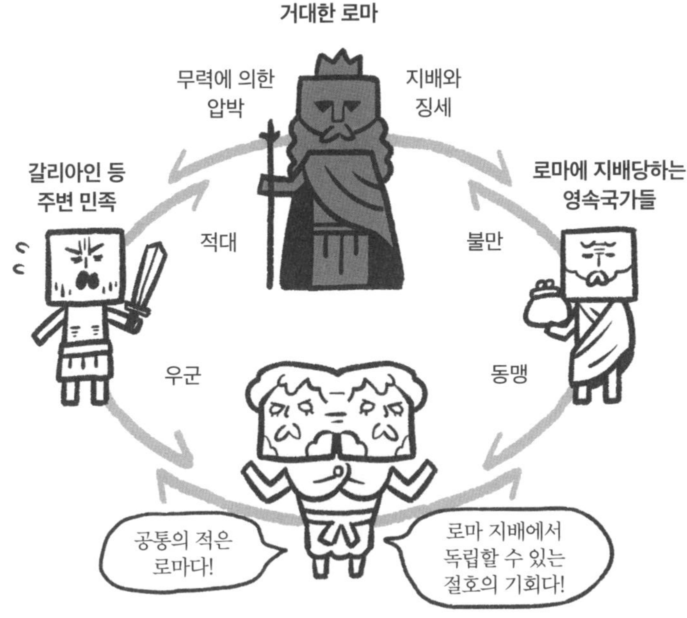
거대한 로마
무력에 의한 압박
지배와 징세
갈리아인 등 주변 민족
로마에 지배당하는 영속국가들
적대
불만
우군
동맹
공통의 적은 로마다!
로마 지배에서 독립할 수 있는 절호의 기회다!

'적의 적은 아군'이라는 구조를 활용하여 아군을 강화한다.

실천

'적의 적은 아군'이라는 전략은 고대에서 현대까지 불변의 진실이다. 한니발은 이 진실을 따라서 슬기롭게 거대 로마제국과 싸웠다.

전략 포인트 2

'상대의 의표'를 찔러 형세를 역전시킨다

적의 의표를 찌르는 공격으로 상대를 교란한다.

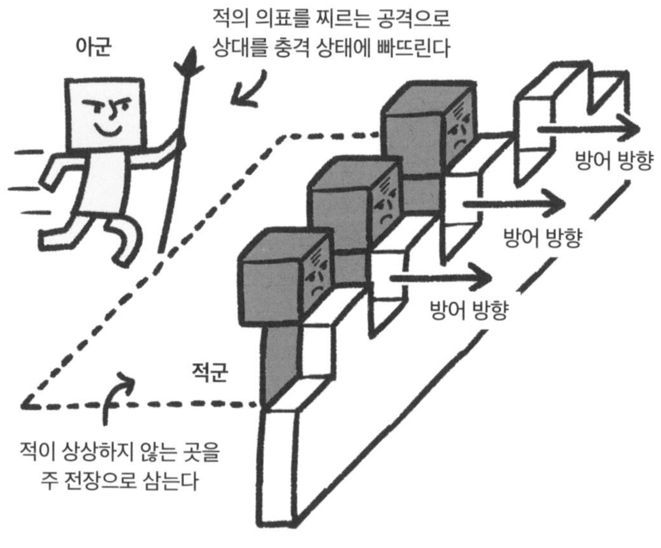

적의 의표를 찌르는 공격으로
상대를 충격 상태에 빠뜨린다
아군
방어 방향
방어 방향
방어 방향
적군
적이 상상하지 않는 곳을
주 전장으로 삼는다

적의 평정심을 빼앗아 형세의 역전을 노린다.

실천

코끼리부대를 이끈 알프스 등반은 로마군을 놀라게 하여 혼란을 일으켰다. 상대가 예상치 못한 장소에서의 전투는 승리를 이끈다.

전략 포인트 3

타인에게 의존하는 요소가 늘면 계획은 무너지기 쉽다

2

한니발 바르카

스스로 제어하지 못하는 요소에 의존할수록 계획의 실패 가능성은 커진다.

패전 패턴 1 상대의 상황이나 의지에 의존한다

로마의 지배를 받는 제국
로마의 동맹에서 빠져나와서 우리 편이 돼줬으면 좋겠어!
…
전투를 포기하기 바라네
…
한니발

한니발 편을 들지 말지는 각 나라가 정할 일이지 강제할 수 없다

식량, 무기, 자금 등이 있다면 싸울지 말지는 스스로 결정한다

패전 패턴 2 전투를 계속할 수 없는 상황을 만든다

무기도 연료도 식량도 없어! 졌다….
상대가 무기, 연료, 식량을 수입하는 데 의존하는 섬나라라면 해상을 봉쇄하여 강제적으로 전투를 멈추게 할 수 있다.
백기!

상대에게 제어 당하지 않고, 상대를 강제할 수 있는 계획을 세운다.

실천

한니발의 최대 패인은 자기가 통제하지 못하는 요소에 계획을 의존한 것이다. 비즈니스에서 구매는 고객의 결정인 것과 같은 맥락이다.

전략 3

지식을 뛰어넘는 행동력을 발휘한다

율리우스 카이사르

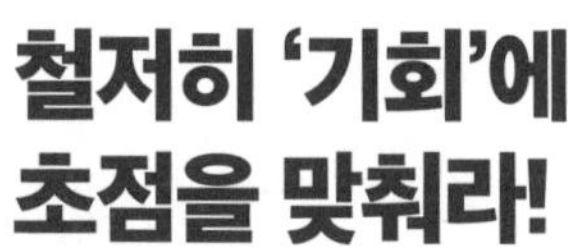
철저히 '기회'에
초점을 맞춰라!

생각한 사람

율리우스 카이사르는 기원전 100년 출생으로, 로마공화국의 정치가 겸 군인이다. 정적인 폼페이우스(고대 로마공화정 말기의 장군이자 정치가-옮긴이)를 타도하고 독재관이 되었지만, 기원전 44년에 브루투스(로마공화정 말기의 정치인이자 장군-옮긴이)에게 암살당한다.

성립 과정

로마공화정이 제도적 피로를 일으킨 시대에 탄생했다. 정적에 둘러싸여 살아가야 했으며, 갈리아인 등 주변 부족이 로마를 위협하는 어려운 외적 환경에 있었다.

내용

카이사르의 생애는 '젊은 날의 행정관 시절', '3두정치가 중 한 사람으로 활약하며 갈리아인을 토벌한 시대' 마지막으로 '내전으로 로마를 석권하고 적대세력을 섬멸, 종신독재관이 되기까지의 시대' 세 단계로 구분할 수 있다.

우리도 팬입니다

나폴레옹 보나파르트

고민

정치적으로 어려운 상황을 타개하고
모든 결전에서 이기기 위해서는 어떤 자질을 갖춰야 할까?

해답

고도의 지식과 사고력, 사람을 움직이는
덕망뿐 아니라 누구보다도 과감하게
행동하여 승기를 잡는 것이 중요!

전략 포인트

① 더욱 많은 기회를 찾아 활용한 사람이 승자가 된다

성공은 전투 그 자체가 아니라, 기회를 잘 잡는 데 있다.

② '행동'은 항상 '지식'을 뛰어넘는다

율리우스 카이사르는 지적인 교육을 받은 데 더해 행동하는 사람이어서 더욱 사람들의 기억에 남았다.

③ 하나의 전문분야만으로는 승리하지 못한다

동시대를 살았던 술라(군인), 키케로(웅변가), 폼페이우스(정치가) 등 다양한 인물이 있었지만, 카이사르처럼 여러 분야에서 뛰어난 인물은 없었다. 큰 문제나 기회는 여러 분야에 걸쳐 있으므로 카이사르는 한 분야의 전문가들보다 늘 앞섰다.

전략 포인트 1

더욱 많은 기회를 찾아 활용한 사람이 승자가 된다

전투 그 자체보다 기회를 잘 잡는 것이 무엇보다 중요하다.

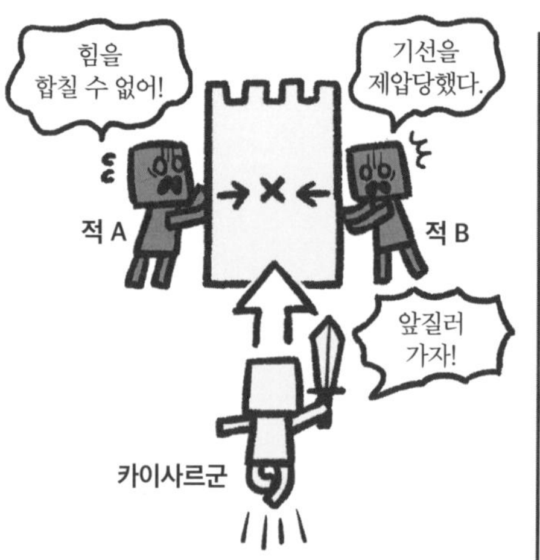

힘을 합칠 수 없어!
기선을 제압당했다.
적 A
적 B
앞질러 가자!
카이사르군

기회의 활용

- 전쟁터가 될 장소에 가장 빠르게 도착하여 우위를 점한다.
- 필요할 물자를 선점한다.
- 반드시 통과해야 할 장소에 튼튼한 벽을 세운다.

[갈리아 전쟁의 클라이맥스]

로마 병사 5만 명에 갈리아인 병사 10만 명이 몰려들었지만, 이미 세워진 요새 탓에 이기지 못했다.

도와주고 싶지만 무리다!
로마군이 먼저 포위하여 요새를 구축
HELP
알레시아 성시, 적의 대장이 있던 장소
요새가 강력해 대장을 도울 수가 없어!
갈리아인
갈리아인

실천

잘 잡은 기회는 상황을 나에게 매우 유리하게 만든다.

전략 포인트 2

'행동'은 항상 '지식'을 뛰어넘는다

고도의 지성을 지녔으면서도 늘 행동력이 지성을 뛰어넘었던 카이사르!

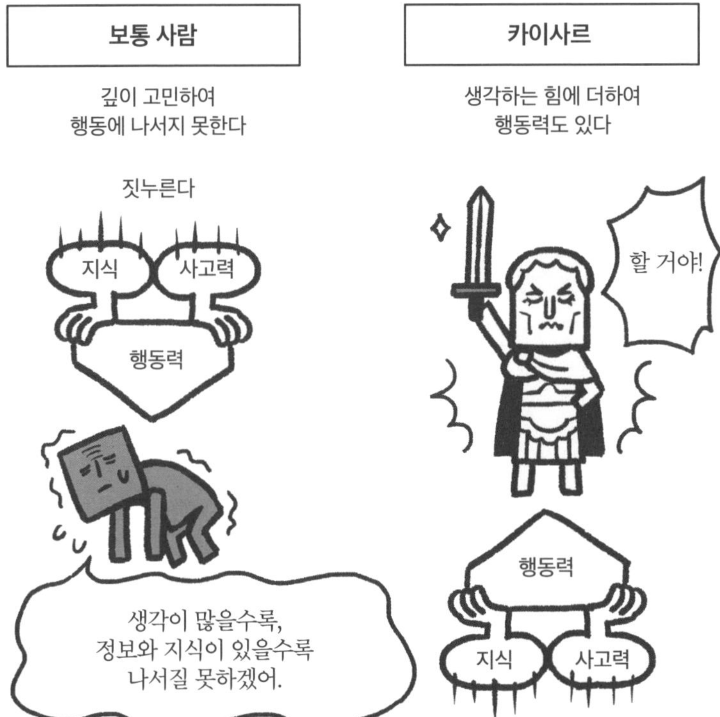
보통 사람
깊이 고민하여
행동에 나서지 못한다
짓누른다
지식
사고력
행동력
생각이 많을수록,
정보와 지식이 있을수록
나서질 못하겠어.
카이사르
생각하는 힘에 더하여
행동력도 있다
할 거야!
행동력
지식
사고력
밀어올리다

실천

지식과 정보, 사고력을 뛰어넘는 발군의 행동력이 있어야 경쟁에서 이길 수 있다.

전략 포인트 3

하나의 전문분야만으로는 승리하지 못한다

서로 다른 분야의 능력을 함께 끌어올려야 한다.

압도

카이사르

군인 · 웅변가 · 정치가

- 중요한 세 분야의 능력을 함께 끌어올렸다.
- 결단력과 행동력으로 적과 경쟁자를 압도했다.

술라	키케로	폼페이우스
군인	웅변가	정치가

- 각 분야의 전문가이지만 자기 분야 외의 능력은 매우 낮다.

실천

흔히 전문가는 한 분야에만 정통하므로 그 외의 문제에는 약하다. 그러나 카이사르는 다른 분야의 능력도 높여서 한 분야만의 전문가들을 압도했다.

에피소드

3

율리우스 카이사르

천재 카이사르의 숨겨진 고민

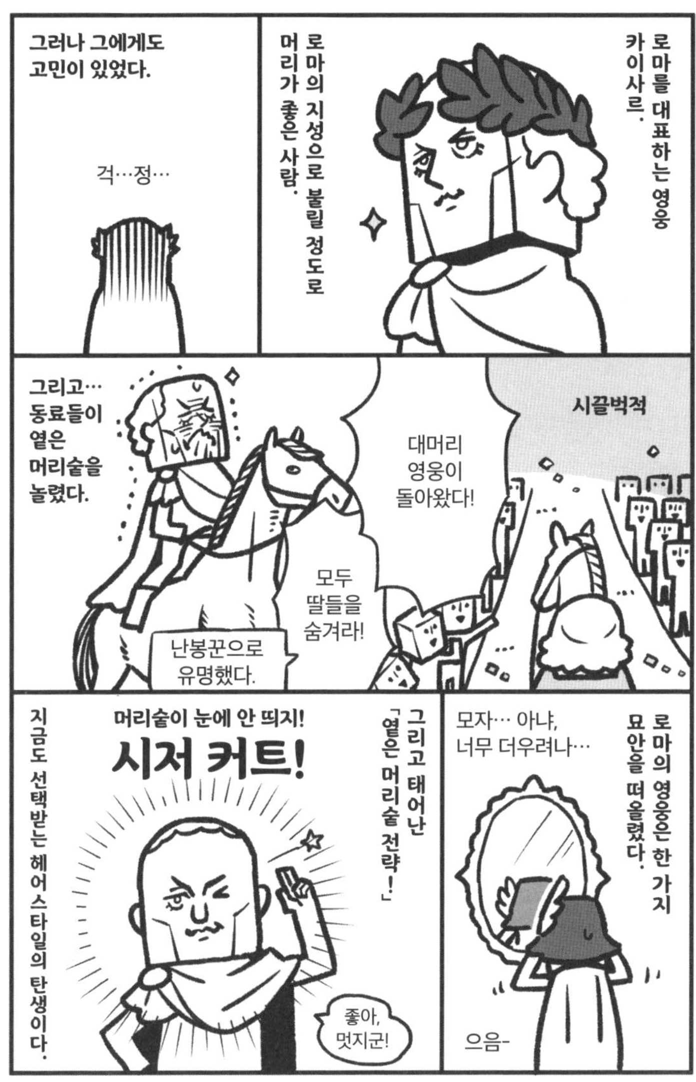

로마를 대표하는 영웅 카이사르.
로마의 지성으로 불릴 정도로 머리가 좋은 사람.
그러나 그에게도 고민이 있었다.
걱…정…
시끌벅적
대머리 영웅이 돌아왔다!
모두 딸들을 숨겨라!
그리고… 동료들이 옅은 머리숱을 놀렸다.
난봉꾼으로 유명했다.
로마의 영웅은 한 가지 묘안을 떠올렸다.
모자… 아냐, 너무 더우려나…
으음-
그리고 태어난 「옅은 머리숱 전략」
머리숱이 눈에 안 띄지!
시저 커트!
좋아, 멋지군!
지금도 선택받는 헤어스타일의 탄생이다.

전략 4

모든 체험에서 배운다, 유연성의 위협

칭기즈칸

혈연과 부족을 뛰어넘는 '철의 단결력'이 승리의 비결!

성립 과정

칭기즈칸은 유소년기부터 청년기까지 유목민 부족과의 전투에서 배신당하는 굴욕적인 상황을 헤쳐나가야 했다. 그 때문에 철의 규율을 세워 군단을 만들고, 기마민족의 강점을 최대한으로 살려서 전투에 나섰다.

생각한 사람

칭기즈칸은 1162년 출생으로 소부족장의 아들이었으나, 유소년기는 고난의 연속이었다. 유목민족이던 몽골인을 통합하여 중앙아시아부터 동유럽까지 이르는 고대 로마의 2배가 넘는 거대제국을 완성했다.

내용

칭기즈칸의 전쟁은 크게 세 분야로 나뉜다. 첫 번째는 '초원의 타 유목민을 공략하여 대칸(통치자)에 올라 통일하고 몽골을 제국화한 일', 두 번째는 '당시 중국 대륙의 금 왕조를 몇 번이나 무너뜨린 일', 그리고 세 번째는 '중동부터 동유럽에 이르는 대원정과 정복'이다.

고민

분열을 통합하여 강력한 힘을 키울 수 있을까?

해답

충성을 맹세케하는 '철의 규율'을 설정하고
주변 지식과 기술, 뛰어난 인재를
맞이하여 유연성을 더하기를!

전략 포인트

① '혈연'을 넘어서 '철의 단결'로 우군을 늘린다

비가 내려도 창이 날아들어도, 약속은 약속이다.

② 적의 모든 것을 배우고, 강점으로 바꿔나간다

몽골문자를 제정하고 중국인에게서 도성 공격 기술을 배우며 서역에서의 정보망을 활용했다 몽골의 영광은 뛰어난 군사력만으로 얻어진 게 아니라 '과학을 활용한 산물'이었다.

③ 적을 공포로 몰아넣어 싸우기 전에 승리한다

부하라Buxoro 마을은 피난민으로 넘쳐났을 뿐 아니라, 마을 전체에 공포가 만연했다. 몽골군이 적진의 배후 깊은 곳까지 공격해 나서기가 무섭게 호라즘Khwarezm 왕국 전체에 혼란과 공포의 소용돌이가 휘몰아쳤다.

전략 포인트 1

'혈연'을 넘어서 '철의 단결'로 우군을 늘린다

배신이 당연한 유목민에게 '철의 단결'을 시킨 지혜!

혈연을 중시하는 씨족사회에서
유능한 비혈연자를 차례로 등용했다
약속은 기필코 지켜야 하며
배신자에게 반드시 보복한다!
법률과
문자 제정
칭기즈칸
복종자에게는
관용을
공평한 보상
혈족을 넘어
철의 단결력을 갖는
집단을 만들어냈다
배신자에게는
반드시 보복

실천

분열과 배신이 빈번한 사회에서 혈족을 뛰어넘는 철의 군단을 만들었다. 뛰어난 팀을 만드는 방법만으로도 큰 무기가 된다.

전략 포인트 2

적의 모든 것을 배우고, 강점으로 바꿔나간다

4

칭기즈칸

걸출한 학습력으로 유목민족의 대제국을 만들었다.

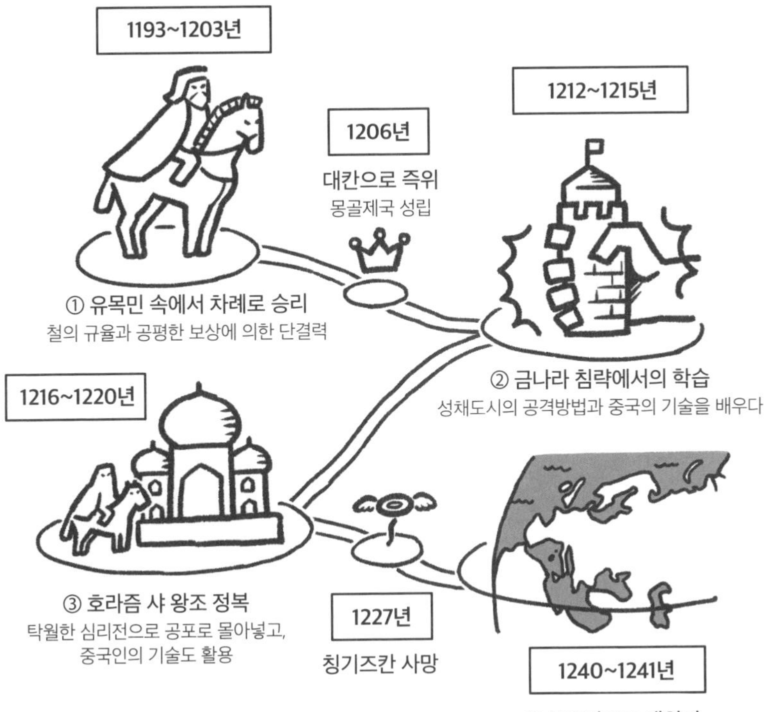

1193~1203년
① 유목민 속에서 차례로 승리
철의 규율과 공평한 보상에 의한 단결력
1206년
대칸으로 즉위
몽골제국 성립
1212~1215년
② 금나라 침략에서의 학습
성채도시의 공격방법과 중국의 기술을 배우다
1216~1220년
③ 호라즘 샤 왕조 정복
탁월한 심리전으로 공포로 몰아넣고,
중국인의 기술도 활용
1227년
칭기즈칸 사망
1240~1241년
④ 동유럽으로 대원정
기동력, 심리전, 투석기 등 사람과 기술의 집대성

실천

칭기즈칸은 모든 사람에게서 배울 줄 아는 감각이 있었다. 극단의 겸허함이 대승리를 이루어냈다.

전략 포인트 3

적을 공포로 몰아넣어 싸우기 전에 승리한다

철저한 심리전으로 싸우기 전에 적을 공포에 떨게 하여 전의를 상실시킨다.

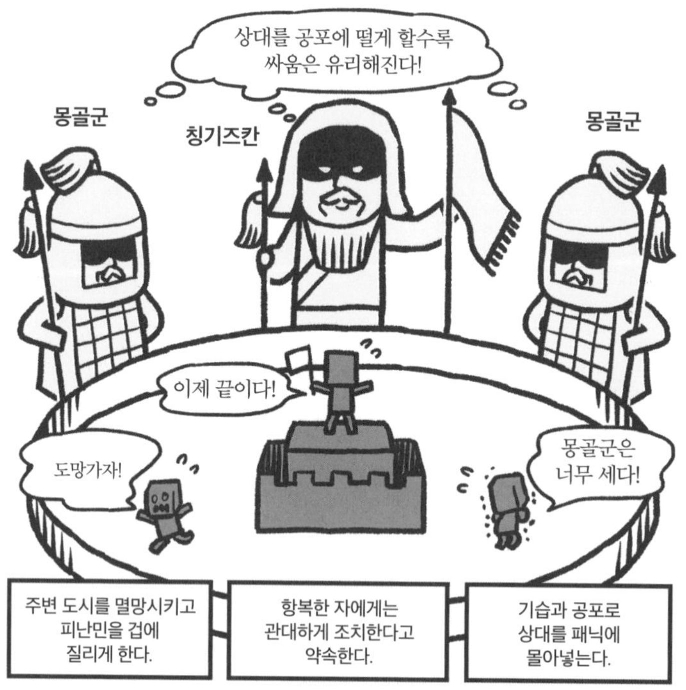

상대를 공포에 떨게 할수록 싸움은 유리해진다!
몽골군
칭기즈칸
몽골군
이제 끝이다!
도망가자!
몽골군은 너무 세다!
주변 도시를 멸망시키고 피난민을 겁에 질리게 한다.
항복한 자에게는 관대하게 조치한다고 약속한다.
기습과 공포로 상대를 패닉에 몰아넣는다.

실천

몽골군은 실제 전투에서 심리전을 자주 사용했다. 그들의 이 전법은 싸우기 전에 적들이 항복하게 하는 효과가 있었다.

에피소드

4

칭기즈칸

칸과 도쿠가와는 술친구

건배!
칸, 이 세상 땅의 4분의 1을 정복했다고?
도쿠가와 이에야스 에도막부 초대 쇼군
칭기즈칸 몽골제국 초대 황제
도쿠도 마찬가지지…. 일본을 평화롭게 만든 주역 아닌가?
天国
시대도 국가도 다른 이 두 사람에게는 한 가지 공통점이 있었다. 그것은…
이에야스
인질이 되었다.
팔렸다.
매번 고맙수다!
부친에게 버려지다.
죽여도 되고.
예?
가련한 아이였다는 것…
칭기즈칸
부친이 암살당했다.
아버지 부하에게 버려져 극빈한 생활
납치되다.
배다른 남동생에게 습격당하다.
힘든 유소년기를 보냈네….
결과만 좋으면 됐지!
응…. 하지만 자네나 나나 성공했잖아!
좋네! 마시구려!
그럽시다!
두 사람의 밤은 깊어만 간다.

전략 5

'올바른 목표'를 내걸고 사람을 움직인다

니콜로 마키아벨리

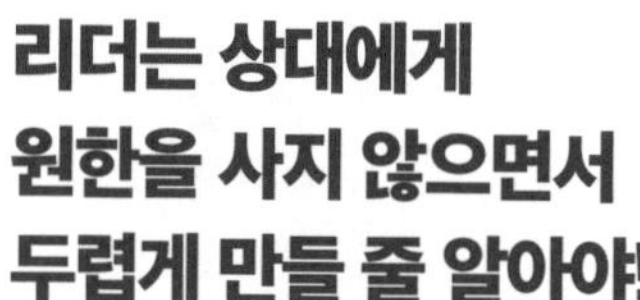
리더는 상대에게
원한을 사지 않으면서
두렵게 만들 줄 알아야!

생각한 사람

니콜로 마키아벨리는 1446년에 태어난 정치사상가로, 이탈리아 피렌체공화국에서 제2서기에 발탁되어 외교관으로 활약했다.

성립 과정

마키아벨리는 피렌체가 외국에 점거되었을 때, 추방처분을 받고 은퇴한 후 《군주론》을 집필했다. 소국이 단결하려면 냉혹함이 필요하며, 리더에게 지혜와 지배력이 없으면 국가는 유지되지 않는다고 강조한다.

내용

《군주론》은 전 26장으로, 고대부터의 군주 국가를 분석하고 군주의 행동과 사상이 어떤 결과를 낳는지를 설명한다. 지금까지도 전 세계적으로 읽히고 있다.

우리도 팬입니다

에스테 회장 스즈키 다카시

전 마이크로소프트 일본법인 대표 나루케 마코토

전 영란은행 총재 머빈 킹

고민

생각도 성격도 각양각색인 사람들이 모여 있다.
어떻게 하면 모두를 하나의 목표에 집중하고 단결시켜서
리더의 지위를 안정적으로 유지할 수 있을까?

해답

집단을 보호하기 위해서 추종해야 하는
목표를 내걸고, 사람을 지배하라!

전략 포인트

① 올바른 목표 설정이 지도력을 키운다

키루스는 페르시아인이 메디아 민족에 억압되고 있을 때, 자기가 지닌 위대한 마음을 보여줄 수 있었다.

② 삶의 방식을 바꿀 수 있는 자가 영속한다

용의주도한 두 인물이 있다. 한 사람은 목표에 도달했고, 다른 한 사람은 그렇지 못했다. 이는 그들의 삶이 시대의 성격과 얼마나 일치했는지에 달려 있다.

③ 목표를 설정하지 않는 자는 지도력도 제로다

리더의 지도력은 목표 설정에서 만들어진다. 일치단결하는 가치 있는 목표를 세우는 것이 리더의 역량 그 자체다.

전략 포인트 1

올바른 목표 설정이 지도력을 만들어낸다

올바른 목표를 내걸고 지도력의 기초로 삼는다.

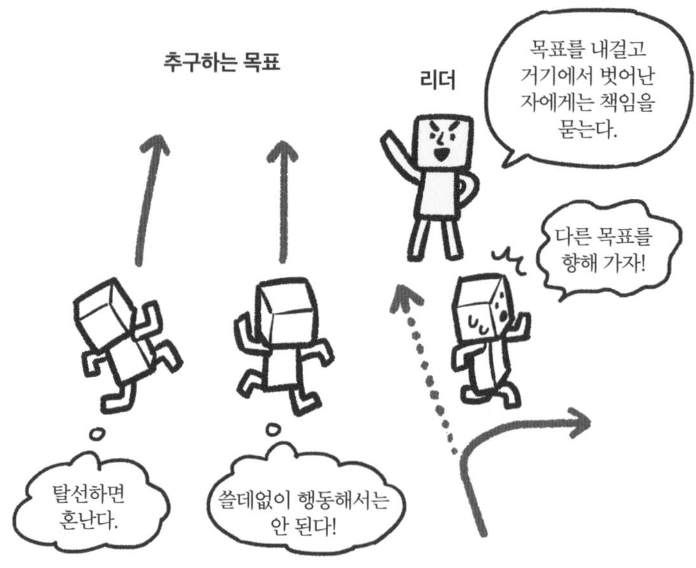
추구하는 목표
리더
목표를 내걸고 거기에서 벗어난 자에게는 책임을 묻는다.
다른 목표를 향해 가자!
탈선하면 혼난다.
쓸데없이 행동해서는 안 된다!

목표만 틀리지 않는다면, 구성원이 길을 벗어나는 일은 없다.

실천

구성원들이 올바르게 행동하길 바란다면, 우선 당신이 바른 목표를 내걸 것! 목표는 제시하지 않고서 상대를 나무라서는 안 된다.

전략 포인트 2

삶의 방식을 바꿀 수 있는 자가 영속한다

5

니콜로 마키아벨리

상황이 늘 '최선책'을 정한다.
유동적으로 변할 수 있어야 현명한 사람!

북풍이 부는 날

이런 경우에는…

외투를 입고
따뜻하게 있는 것이
정답

태양이 내리쬐는 날

이런 경우에는…

외투를 벗고
시원하게 있는 것이
정답

하나의 방법과 발상을 고집하지 않고,
상황과 시대를 읽고 대처하는 것이 중요하다.

실천

당신의 방식이 올바른지 아닌지는 상황이 정한다. 상황이 바뀌면 용기를 내 구태의연한 삶의 방식을 바꿀 줄 아는 사람이 승자가 된다.

전략 포인트 3

목표를 설정하지 않는 자는 지도력도 제로다

일본항공을 회생시킨 이나모리 가즈오 회장은 회사 이념을 정하고 나서 처음으로 사원을 나무랐다.

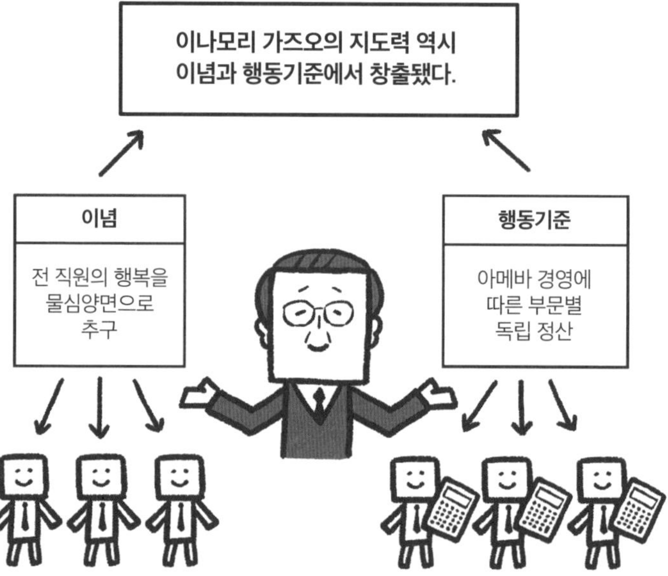

이나모리 가즈오의 지도력 역시
이념과 행동기준에서 창출됐다.
이념
전 직원의 행복을
물심양면으로
추구
행동기준
아메바 경영에
따른 부문별
독립 정산

지도력은 목표나 이념, 행동기준을 설정해야 만들어진다.

실천

리더가 내건 목표는 집단에 도움이 되며, '부정할 수 없는 것'이어야 한다. 이것이 많은 사람을 하나로 묶는 지도력이 된다.

전략을 사용하면
힘이 약하더라도
이길 수 있다.

2장

경쟁 전략

우위에 서려면 전략적 의사결정은 필수다.

이기기 위한 전략은 거듭 발전해왔다.
'경쟁에 이기기 위한 전략'에 관해 살펴보자.

전략 6

전략에서 '공격'과 '방어'는 영원한 테마다

마이클 포터

전략의 목표는
독자성과 가치를
높이는 데 있다.

성립 과정

《마이클 포터의 경쟁전략》은 가치(고객의 니즈를 효율적으로 채우는 것)를 제공하기 위해 모든 처지에 놓인 사람이 치르는 '경쟁'의 원리를 이해하기 위해 쓰였다.

생각한 사람

경쟁 전략의 세계적 권위자인 마이클 포터는 1947년 미국 출생으로, 군인 출신 아버지 밑에서 자랐다. 하버드대학 대학원에서 경영학 석박사학위를 취득했으며 1982년에 사상 최연소로 하버드 대학의 정교수가 되었다.

내용

경쟁과 전략, 전략과 자선활동 · 기업의 사회적 책임, 전략과 리더십, 입지에서의 경쟁 우위, 경쟁에 따른 사회문제 해결 등을 다룬다.

고민

기업경쟁을 제패하려면, 어떤 움직임에 주목해야 할까?

해답

경쟁 전략의 기본 동작은 방어와 신규진입, 2가지다. 방어할 때는 자사의 진입장벽을 강화하고, 공격할 때는 상대의 진입장벽을 분리하거나 무효화한다.

전략 포인트

① 경쟁 전략이란 '5가지 진입장벽의 공수'다

5가지 경쟁 요소란 '신규 진입자의 위협', '구매자의 교섭력', '기존 기업 간 경쟁', '대체품의 위협', '공급자의 교섭력'을 말한다.

② 업무효율의 개선과 전략적 행동은 다르다

업무효율이란 유사한 활동을 경쟁사보다 원활하게 실행하는 것이다. 반면 전략적 행동은 경쟁사와 다르게 활동하거나, 유사한 활동을 다른 방법으로 실시하는 것이다.

③ 전략 범위를 상품, 고객의 니즈, 접근법으로 좁힌다

전략 포지셔닝에는 세 종류가 있다. 첫째, 버라이어티 베이스 포지셔닝variety base positioning(업계의 제품과 서비스에서 일부를 골라 제공하는 것). 둘째, 니즈 베이스 포지셔닝needs base positioning(고객 그룹 중 하나를 선택해 그들이 원하는 바에 모두 대응하는 것). 셋째, 액세스 베이스 포지셔닝access base positioning(접근법에 차이를 두고 고객을 세분화하는 것)이다.

전략 포인트 1

경쟁 전략이란 '5가지 진입장벽의 공수'다

상대의 진입장벽을 무너뜨리든가, 내 장벽을 강화하든가!

경쟁 전략의 기본
지킨다.
내 진입장벽을 강화한다.
공격한다.
경쟁 상대의 진입장벽을 분리하거나 무효화한다.

공격하거나 방어해야 하는 '5가지 진입장벽'

- 신규 진입자의 위협
- 구매자의 교섭력
- 기존 기업 간 경쟁
- 대체품의 위협
- 공급자의 교섭력

실천

비즈니스 경쟁은 진입장벽을 둘러싸고 벌어진다. 상대의 진입장벽을 무너뜨려 진입하고, 상대의 의도를 파괴하여 방어한다.

전략 포인트 2

업무효율의 개선과 전략적 행동은 다르다

6 마이클 포터

업무효율의 개선과 전략적 활동의 차이

업무효율 유사한 활동을 경쟁사보다 능숙히 해내는 것

경쟁사
가벼운 도르래
숙련된 노동자
양동이 형태를 개선

우물물을 퍼내다 → 업무효율 → 기본은 같은 행동

전략적 행동

① 경쟁사와 다르게 활동한다

우물에서 물을 퍼내지 않고 페트병을 운송하여 판매하자!

② 경쟁사와 유사한 활동을 다른 방법으로 실시한다

인간의 노동력으로 물을 퍼내는 건 비효율적이지!

실천

전략 포지셔닝의 본질은 경쟁사와는 다른 활동을 선택하는 것이다. 타사와는 다른 제품과 서비스 그리고 이를 바탕으로 고객 니즈를 충족하고 입지를 다진다면 경쟁에서 이길 수 있다.

전략 포인트 3

전략 범위를 상품, 고객의 니즈, 접근법으로 좁힌다

세 종류의 전략 포지셔닝

① 버라이어티 베이스 포지셔닝

전략을 특별한 서비스 및 제품에 한정한다.

예: 지피루브 인터내셔널

다른 서비스나 제품은 타사에 의뢰

② 니즈 베이스 포지셔닝

특정 고객층의 니즈를 모두 만족시킨다.

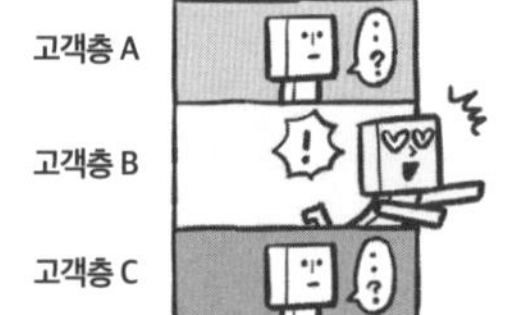

고객층 A
고객층 B
고객층 C

예: 이케아
조립식이어도 좋으니 가격이 저렴한 점에 매력을 느끼는 고객층에 대응

③ 액세스 베이스 포지셔닝

물리적 환경에 맞추어 높은 가치를 낳는 서비스와 제품을 목표로 삼는다.

역근
도시
교외

예: 카마이크 시네마스
인구가 20만 명 이하인 도시에서 운영되는 영화관으로 지배인 한 사람으로 운영가능

실천

특정한 니즈나 카테고리로 범위를 좁히면 타사와의 경쟁을 피해 자사에 유리한 비즈니스를 전개할 수 있는 바탕을 마련할 수 있다.

에피소드

6

포터와 바니의 양보 없는 싸움

바니의 케이퍼빌리티파
VS
포터의 포지셔닝파
지금으로부터 약 20년 전, 격렬한 논쟁이 벌어졌다.
뭐라고? 한판 붙을래?
이 햇병아리가!
경쟁 우위에 서려면 자사의 경영자원이 필요하다고!
경쟁사에 비해 어떤 위치에 있는지가 중요해!
즉, 포터가 「업계」에 주목한 데 반해
어디에 둘까?
상품
업계
바니는 「자사」에 주목했다는 점에서 대조적이다.
업계
이걸 어떻게 할까?
상품
논쟁은 계속되었고
이쪽이 맞다니까!
그럴 리가 없잖아!
결국 '지속적인 경쟁 우위를 위한 기여도'는 바니가 높은 것으로 결론지어졌다.
(※나머지 40%는 '불확실성'으로 결론 났다.)
기여도 약 45%
기여도 약 15%

전략 7

고유 자원으로 최고의 전략을 정한다

제이 B. 바니

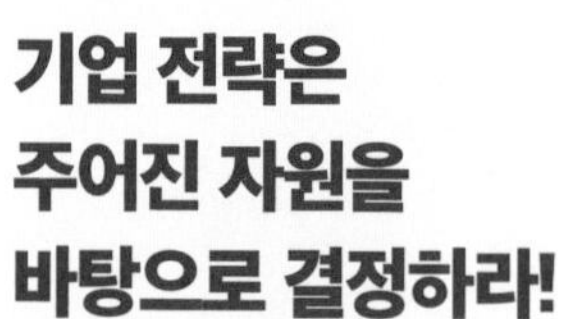
기업 전략은
주어진 자원을
바탕으로 결정하라!

생각한 사람

제이 B. 바니는 1954년 미국 출생으로, 예일대학교에서 박사학위를 취득하고 유타대학교 등에서 교편을 잡았다. 기업이 자사의 독특한 자원을 유효하게 활용하여 경쟁에서 이긴다는 '경영자원을 기점으로 하는 경영 전략'을 제창했다.

성립 과정

《기업 전략론》은 '기업 전략론 분야 연구의 요약과 통합'을 주요 목표로 삼고 있다. 기회, 위협 등 개념부터 기업의 전략까지 외부 환경으로 선택지(선택해야 할 전략)가 달라진다고 생각하는 특징이 있다.

내용

《기업 전략론》은 3권 구성으로 구성되어 있다. 기본편(상권)에는 "전략이란 무엇인가?, 기업의 장점과 단점" 등, 사업 전략편(중권)에는 "수직통합, 유연성", 전사전략편(하권)에는 "전략적 제휴, 다각화 전략" 등에 관한 이야기가 담겨 있다.

7

제이 B. 바니

고민

다양한 전략 중에서 어떤 기준으로 자사의 전략을 선택할 것인가?

해답

기업이 지닌 고유하고 독자적인 자원을
최대한 활용하고, 타사가 흉내 내기 힘든
요소가 있는 전략을 고를 것!

전략 포인트

① 타사가 흉내 내지 못하는 이론이 있다

다른 기업들은 해당 이론을 전혀 모르거나 제대로 행동에 옮기지 못하고 있다면, 당사는 경쟁 우위에 선다.

② 기업이 지닌 경영자원을 바탕으로 전략을 세운다

경영 전략에 따른 기업관resource-based view of firm이라고 부르는 이 프레임워크는 기업별로 이질적이며, 복제하려면 큰돈이 들어가는 경영자원에 주목한다. 그리고 이러한 경영자원을 활용하여 기업은 경쟁 우위를 획득할 수 있다.

③ '가치사슬' 분석으로 우위성을 발견한다

기업이 경쟁 우위를 만들 가능성이 있는 경영자원이나 역량을 특정하는 방법 중 하나가 가치사슬 분석이다. 이렇게 수직적으로 연결된 사업 활동의 총체를 한 제품의 가치사슬이라고 부른다.

전략 포인트 1

타사가 흉내 내지 못하는 이론이 있다

경쟁 우위를 추구하는 2가지 방법이 있다.

① 자사만이 이론을 알고 있다.
어떻게 성공했어?
비밀!
② 이론을 알아도 타사가 흉내 내지 못한다.
수영할 줄 모르니 나무 열매를 따겠어?!
전략이란 '어떻게 성공하는가'라는 주제에 대해 기업이 따르는 이론이야.
경쟁 우위란 타사가 흉내 내지 못하는 '성공 법칙'을 말하는 거야.
②의 경우도 잘해서만 되는 건 아니야. '돈 버는 이론'이 전제되어야 하지.

실천

성공법칙은 당연히 있어야 할 뿐만 아니라 타사가 법칙을 사용하지 못하게 하는 것도 중요하다.

전략 포인트 2

기업이 지닌 경영자원을 바탕으로 전략을 세운다

7

제이 B. 바니

자사의 특징을 살린
'경영 전략에 따른 기업관'을 기반으로 고찰한다.

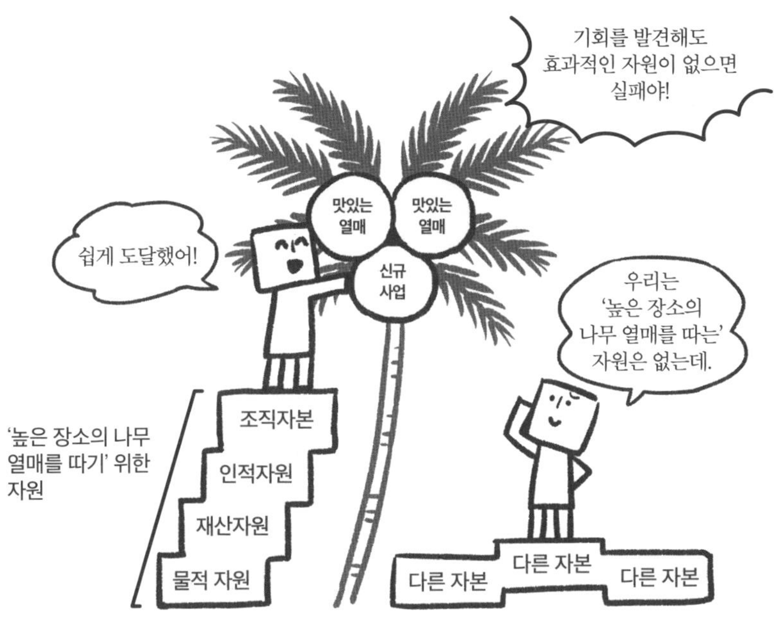
기회를 발견해도
효과적인 자원이 없으면
실패야!
맛있는
열매
맛있는
열매
신규
사업
쉽게 도달했어!
우리는
'높은 장소의
나무 열매를 따는'
자원은 없는데.
'높은 장소의 나무
열매를 따기' 위한
자원
조직자본
인적자원
재산자원
물적 자원
다른 자본
다른 자본
다른 자본

기업별로 이질적이고 복제하는 데 큰 비용이 드는
자사만의 경영자원에 주목한다.

타사에는 없는 독자적인 경영자원을 활용하여 경쟁에서 승리한다.

실천

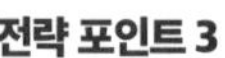
전략 포인트 3

'가치사슬' 분석으로 우위성을 발견한다

경쟁 우위는
연쇄적인 부가가치(가치사슬)로 정해진다.

경쟁 우위란 하나만 있는 게 아니야!
졌다!
24
24
24
24
입지
자금
계획
조직
유통
판매
다양한 연대적 부가가치가 있다
편의점의 경쟁 우위는 입지 선정과 자금력, 점내 마케팅까지 다양해!
그래서 '부가가치' 분석이 중요하구나.

실천

부가가치를 한 가지뿐 아니라 다양하게 발견하여 경쟁을 따돌려야 우뚝 설 수 있다.

전략 8

상품과 시장보다 조직을 먼저 생각하라

비전기업

시대를 초월해 영속하는 기업은 있다!

생각한 사람

짐 콜린스는 1958년 미국 출생으로, 스탠퍼드대학교에서 수학을 전공하고 MBA를 취득했다. 맥킨지, 휴렛팩커드에서 근무했으며 1994년 공저《성공하는 기업들의 8가지 습관》을 출간했다.

내용

'시간이라는 시련을 극복한 탁월한 기업'을 주제로 수많은 우량기업을 비교한다. 기본 개념, 대담한 목표, 컬트적 문화, 대량 시행착오 등 자기쇄신능력이 있는 기업 모습이 나타난다.

성립 과정

《성공하는 기업들의 8가지 습관》은 '탁월한 기업과 여타 기업의 차이는 어디에 있는가?'라는 주제로 방대한 기업 간 비교에서 끌어낸 고찰을 저술한 책이다. 시대를 불문하고 지속 가능한 기업에는 어떤 공통점이 있는지 밝히고 있다.

고민

어떻게 하면 시대의 변화에 뒤떨어지지 않고
영속하는 기업을 만들 수 있는가?

해답

기업이란 특별하고 궁극적인 작품이라는 것을
직원들이 깨닫게 하고, 사운을 건
대담한 목표를 정기적으로 계획한다.

전략 포인트

① 회사는 최후의 완성 작품이다

회사를 최후에 완성되는 작품이라고 보는 것은 매우 큰 발상의 전환이다. 회사를 세워 경영하고 있다면, 이러한 발상의 전환으로 시간 사용법이 크게 바뀐다. 제품 라인이나 시장전략을 고민하는 시간을 줄이고, 조직 설계에 대해서 생각하는 시간을 늘려야 한다.

② '정기적인 목표 설정'으로 조직을 자극한다

비전기업은 진척을 재촉하는 강력한 구조로 때때로 대담한 목표를 내건다. 이 목표를 '사운을 건 대담한 목표Big Hairy Audacious Goal'의 머리글자를 따서 BHAG라고 부르기로 한다.

③ 조직구성원에게 '특별한 회사'에 있다는 자부심을 느끼게 한다

'특별한 회사 구축'을 최우선 목표로 삼아, 구성원들이 당사에 자부심을 느끼게 하는 이념을 세우고, 그 이상을 추구하여 그들의 창조성을 이끌어낸다.

전략 포인트 1

8

회사는 최후의 완성 작품이다

회사를 개별 상품이 아닌,
최고의 작품으로 간주한다

비전기업

뛰어난 '상품'이 아니라,
상품을 꾸준히 만드는 '회사 그 자체'를 본다.

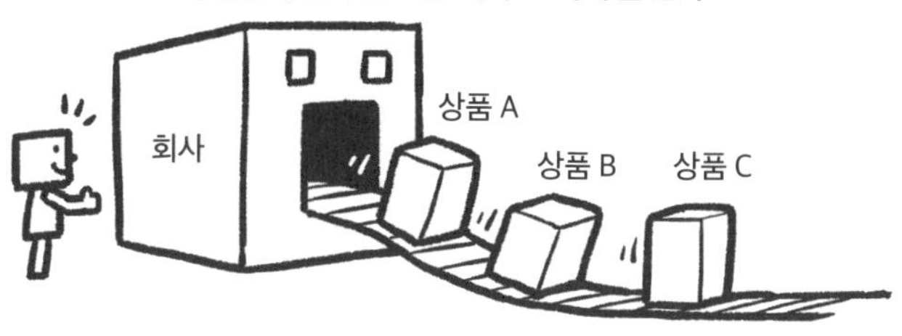
회사
상품 A
상품 B
상품 C

일반 기업

개개의 상품을 만드는 데 의식을 집중한다.

상품 A
회사 A

상품 B
회사 B

실천

개개의 제품보다 최후의 완성품으로서의 '회사'를 위한 목표를 세운다면, 장기적인 우위성을 만들어낼 수 있다.

전략 포인트 2

'정기적인 목표 설정'으로 조직을 자극한다

스스로 커다란 도전을 정기적으로 계획해 실행한다.

비전기업

성공했더라도 사운을 걸 정도의 커다란 목표를 정기적으로 내세운다.

다음 도전이 왔다! 힘내자!
BHAG
대담한 목표

일반 기업

하나의 성공에 만족한다.

해냈다!
성공
만족해!

실천

대담한 목표를 내세우면 과거의 성공을 뛰어넘어 결과적으로 신성장 궤도에 오를 수 있다.

전략 포인트 3

조직구성원에게 '특별한 회사'에 있다는 자부심을 느끼게 한다

8

비전기업

조직구성원들이 '특별한 회사'에 있다고 믿는 힘이 중요!

비전기업의 본질

'특별한 회사 구축'을 최우선 목표로 삼는다.
이를 위해 노력하는 리더가 있는 조직만이 영속한다.

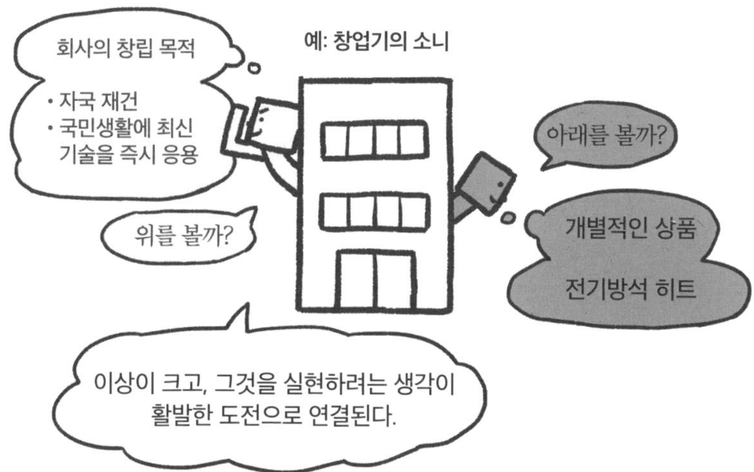
회사의 창립 목적
• 자국 재건
• 국민생활에 최신 기술을 즉시 응용
예: 창업기의 소니
아래를 볼까?
위를 볼까?
개별적인 상품
전기방석 히트
이상이 크고, 그것을 실현하려는 생각이 활발한 도전으로 연결된다.

실천

구성원들이 당사를 특별한 회사라고 여기도록 이끄는 이념을 세우고 이상을 추구한다면, 그들의 창조성과 노력을 끌어낼 수 있다.

전략

9

부진한 기업도 성장궤도에 오를 수 있는 전략이 있다

전략 프로페셔널

이론을 실천적으로 실행하여 성과를 올려라!

성립 과정

비즈니스는 시간 축과 경쟁 상태에 따라 강점도 약점도 떨어진다. 이 사이클에 어떻게 대처할 것인지가 중요하다고 이 책은 지적하고 있다. 전략 프로페셔널이란 분석뿐 아니라 "제시한 목표를 실천하여 성과를 만들어내는 사람만이 진짜 프로"라고 지적한다.

생각한 사람

《전략 프로페셔널》의 저자 사에구사 다다시는 1944년 출생으로, 보스턴 컨설팅 그룹의 일본 내 첫 번째 채용자로 스탠퍼드대학교에서 MBA를 취득했다. 여러 기업에서 경영자로서의 경험이 있으며 2002년부터 미스미 그룹 대표이사, 2018년부터 미스미 그룹의 본사 부회장직을 맡고 있다.

내용

《전략 프로페셔널》은 총 6장 구성으로, 경영난에 시달리는 자회사 의료기기 업체의 책임자로 저자가 파견되면서 겪은 경험담을 담고 있다.

9

전략 프로페셔널

고민

강점도 시간이 흐르면 희미해지는 시장….
도대체 무엇을 축으로 경쟁에 나서야 하는가?

해답

시장 포지션, 라이프사이클, 경쟁 상태를
분석하면 최적의 방책이 보인다!

전략 포인트

① '경쟁 상태'와 '시간'을 보면 대책이 보인다

어떤 방법으로 경쟁 포지션 가설을 세우면 좋을까? 관련 이미지를 얻기 위해서 언제나 두 종류 차트를 머릿속에 그려본다.

② '가격 결정'은 승리로 향하는 지름길이다

만드는 데 비용이 10원 들었더라도 상대에게 장점이 있다면 10만 원에 팔린다. 반대로 상대에게 장점이 없다면 10원이어도 팔리지 않는다.

③ 영업 공세는 '세분화'로 승리한다

경쟁기업이 알아차리기 전에 새로운 시장을 세분화하는 기업이 승리한다. '세그먼테이션segmentation, 즉 시장 세분화는 사내 에너지를 '짜내어 집중하는' 가이드라인이자 사내 소통을 위한 강력한 무기가 되기 때문이다.

전략 포인트 1

'경쟁 상태'와 '시간'을 보면 대책이 보인다

유효한 대책은
'제품의 라이프사이클'에 따라 다르다.

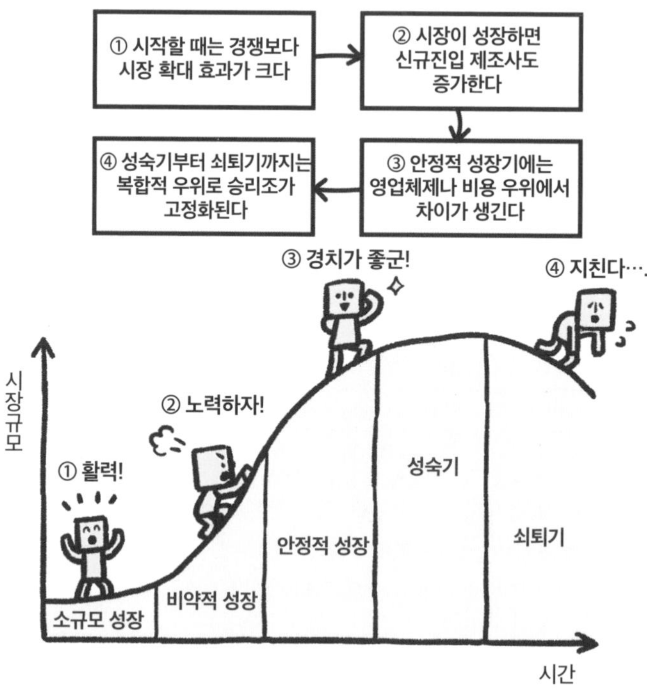

① 시작할 때는 경쟁보다 시장 확대 효과가 크다
② 시장이 성장하면 신규진입 제조사도 증가한다
③ 안정적 성장기에는 영업체제나 비용 우위에서 차이가 생긴다
④ 성숙기부터 쇠퇴기까지는 복합적 우위로 승리조가 고정화된다
③ 경치가 좋군!
④ 지친다….
② 노력하자!
① 활력!
시장규모
소규모 성장
비약적 성장
안정적 성장
성숙기
쇠퇴기
시간

실천

효과적인 프레임을 통해 높은 곳에서 내려다보며 현상을 파악한다면, 가장 좋은 방법을 찾을 수 있다.

전략 포인트 2

9

‘가격 결정’은 승리로 향하는 지름길이다

‘가격 결정’이란 고객의 논리를 해독하는 게임!

만드는 비용이 10원이어도
구매자에게 이점이
명확하다면 팔린다
만드는 비용이 10만 원이어도
구매자에게 이점이 전달되지 않는다면
10원이어도 팔리지 않는다.
비용
10원
장점이
크니까
갖고 싶다!
장점이
없잖아.
필요 없어….
비용
10만 원
가격
10만 원
가격
10원

실천

‘제작비용이 적게 들었으니 판매가격도 낮춘다.’는 관점이 아니라, 철저히 ‘고객이 찾는 장점’에 집중한다.

전략 포인트 3

영업 공세는 '세분화'로 승리한다

시장을 효과적으로 세분화하는 것이 핵심이다.

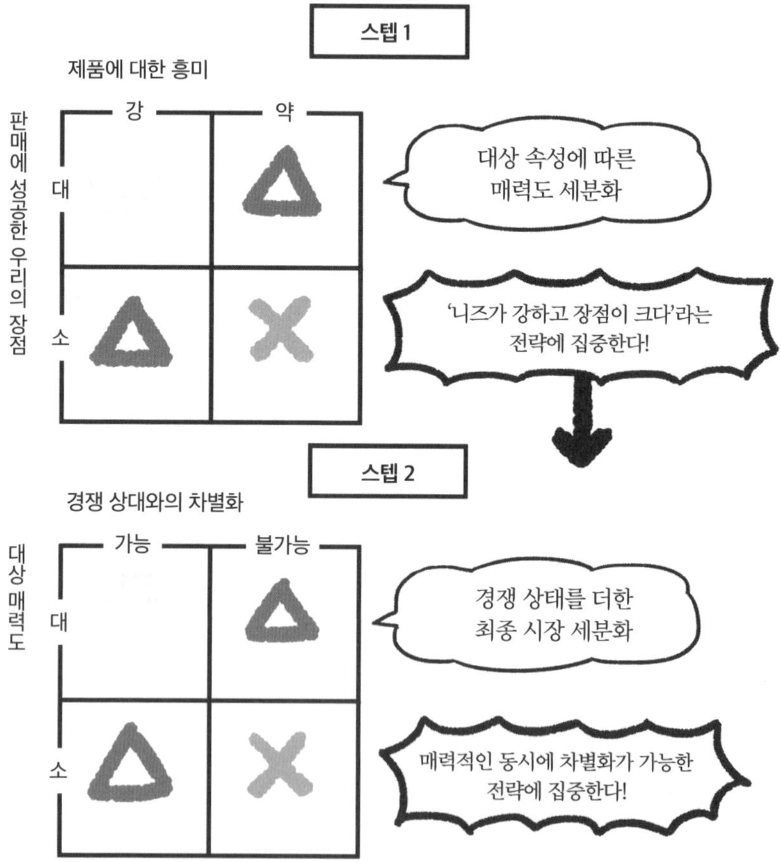

스텝 1

제품에 대한 흥미 (가로) / 판매에 성공한 우리의 장점 (세로)

	강	약
대		△
소	△	×

대상 속성에 따른 매력도 세분화

'니즈가 강하고 장점이 크다'라는 전략에 집중한다!

스텝 2

경쟁 상대와의 차별화 (가로) / 대상 매력도 (세로)

	가능	불가능
대		△
소	△	×

경쟁 상태를 더한 최종 시장 세분화

매력적인 동시에 차별화가 가능한 전략에 집중한다!

실천

시장을 '중요도'나 '니즈'별로 세세히 분류해가면 자연스럽게 '영업의 핵심'이라는 답이 드러날 것이다.

경쟁에서
독자적인 자원은
매우 중요하다!

3장

경쟁을 피하는 경쟁 전략

상대와 우위를 다투는 경쟁이라도, 스스로 피폐해진다면 자산은 줄고 체력도 떨어진다.

'직접 부딪히기를 피하며
이기는 전략'을 중심으로 소개한다.

전략 **10**

물량 법칙을 뒤집어, 약자가 역전할 수 있는 길이 있다

란체스터 법칙

병력이 적은 약자부터 공격하라!

성립 과정

원래 군사전략 중 하나였던 란체스터 법칙은 창시자가 살았던 영국뿐 아니라 대일전쟁에서의 미국군 연구팀에서도 이용되었다. 일본에서는 1962년 마케팅 컨설턴트 다오카 노부오가 판매 전략으로 란체스터 전략을 소개한 이후로 현재까지 기업경영에 널리 활용되고 있다.

생각한 사람

프레더릭 란체스터는 1868년 영국 출생으로 기술전문학교를 졸업하고 자동차 제조판매를 시작했다. 이후 1914년에 발표한 '집중의 법칙'이 '란체스터 법칙'으로 유명해졌다.

내용

제1법칙과 제2법칙의 2가지 이론으로 이루어졌다. 전자는 개인 대 개인의 전투로 '일대일의 법칙'을 말하고, 후자는 집단 대 집단의 전투로 '집중 효과의 법칙'으로 불린다.

HIS 회장
사와다 히데오

우리도
팬입니다

고민

약자를 위한 경영 전략은 없을까?

해답

대기업의 장점을 하나하나 흡수하면서
경쟁 상대를 좁혀 나간다.

10

란체스터 법칙

전략 포인트

① 세력에 따라 '2가지 전투법' 중 하나를 선택한다

'제1법칙'이라면, 지역을 기초로 삼아 상품에 목표를 맞춰 전략을 입안하는 방법이 있다. 약자라면 우선 지역에 거점을 만든다. 가장 기본적인 약자의 전략이다.

② '3가지 1등'을 목표로 삼는다

제2법칙이란 1등 상품을 기초로 삼아 지역관리라는 목표를 세우고 전략을 입안하는 것이다. 거점비율이 높은 지역에서 약자의 입장이 된다면, 경쟁력 있는 상품을 차례로 투입해야만 거점비율을 유지할 수 있다.

③ 경영 전략으로서의 '공격'

마케팅은 '아이디어 영역'이므로 상위에 있는 좋은 아이디어에 도전해야 한다. 그러나 어느 지역을 대상으로 할 것인지, 어디를 공격 목표로 삼을 것인지 등의 과제는 대부분 규칙에 따라 정할 수 있는 문제이므로, 어디까지나 상대의 약점을 파고들어야 한다.

전략 포인트 1

병력에 따라 '2가지 전투법' 중 하나를 선택한다

세력에 따라 란체스터의 '2가지 법칙'을 나누어 사용한다.

제1법칙: 일대일 법칙

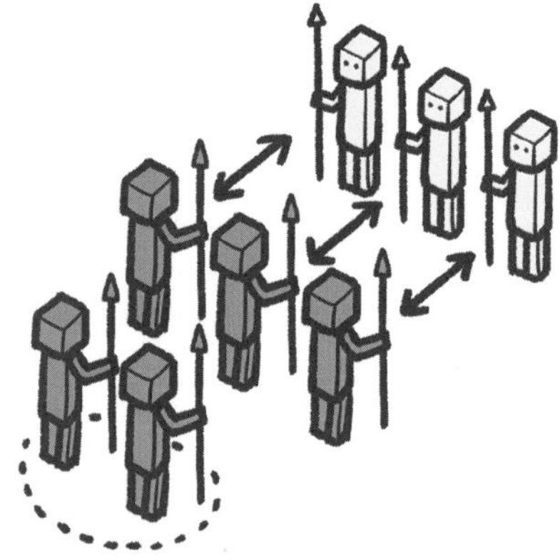

5대 3의 경우,
많은 쪽이 2명 남는다

인력이 적을 때는
이 전략으로 나서야 한다

제2법칙: 집중효과의 법칙

탄환 2개가 4명을 덮친다
(=2분의 1)

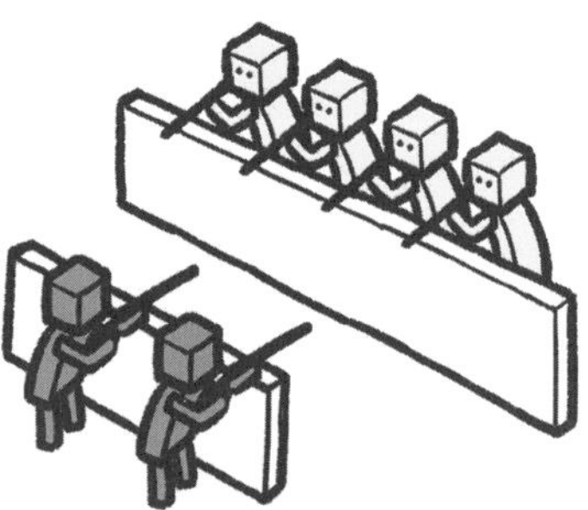

탄환 4개가 2명을 덮친다
(=2배)

4대 2
병력 차이의 제곱
⇒ 즉, 4배 차이

인력이 많을 때는 이 전력이 유리

실천

두 법칙에서 수가 적은 쪽은 일대일 대응이 유리하고, 여럿일 때는 집단 대 집단 전투를 선택하는 편이 유리하다.

전략 포인트 2

'3가지 1등'을 목표로 삼는다

10

'란체스터 법칙'을 경영에 응용한다.

① 1등 지역을 만든다
이 지역에서 1등!
② 1등 거래처를 만든다
이 고객에게 점유율 1등!
③ 1등 상품을 만든다
젊은 층 인기 상품 1등!

시장 증가와 매출 증가를 비교하면
'3가지 1등'은 무엇보다 신장률 향상이라는 보상이 따른다.

실천

모든 면에서 평균적이라고 한들 역전 승리할 수 없다. '3가지 1등' 중 하나를 의도적으로 노려야 한다.

전략 포인트 3

경영 전략으로서의 '공격'

'경쟁목표'와 '공격목표'를 명확히 구별하라!

상위 기업의
장점을
차례로 따라한다.
불리하니까
대기업에
맞서지 않는다.
공격하는 상대는
반드시 '우리보다
하위의 약자'
대기업
자사
자사보다
작은 기업

란체스터 법칙이 나타내는 시장 점유 확대의 법칙은
'약자를 대상으로 공격에 나서는 것'이다.

실천

상대적으로 약한 상대를 향한 공격 준비는 란체스터 전략의 기본이며 전투 결과를 항상 유리하게 이끌어 준다.

에피소드

10

이 몸이 란체스터다

이 녀석들, 그만두지 못해!
와!
와!
그 남자 우라시마 타로*
'약자 괴롭히기' 반대파
잘못했습니-다
그만하라고-
좋았어!
와!
와!
그 남자, 란체스터!
더 해도 돼!
'약자 괴롭히기' 추진파
누구?
그만해-!

* 일본전래동화 주인공. "용궁에 간 어부 이야기".

전략

11

경쟁에서 벗어나, 새롭게 발상하라!

블루오션 전략

미지의 시장을
찾는다면
사양산업도
성장할 수 있다!

성립 과정

다양한 산업이 성숙하면 경쟁이 격화되면서 새로운 시장을 형성하기에 어려워진다. 이 문제를 해결하기 위해 '새로운 마켓 스페이스=블루오션 전략'이라는 개념이 만들어졌다.

생각한 사람

김위찬과 르네 마보안은 프랑스 인시아드 경영대학원 교수들이다. 2005년 《블루오션 전략》을 출간한 두 사람은 2013년에 "세계 최고의 경영사상가 50"에서 2위에 올랐다.

내용

《블루오션 전략》은 "블루오션 전략, 블루오션 전략 체계화, 블루오션 전략 실행"의 세 부분으로 나뉜다. 실행을 위한 프레임워크를 포함하여 실천적인 내용이 담긴 전략서로, 확장판도 출간되었다.

고민

경쟁이 심해진 시장에서 소모만 될 뿐….
기회는 어디에 있는 걸까?

해답

제품과 서비스에 '제거, 증가, 감소, 추가'의
4가지 변화를 주면 기존과 다른
소비자를 끌어들일 수 있다!

전략 포인트

① 새로운 소비자층을 불러들일 시장을 발견한다

레드오션은 오늘날 산업 전반을 나타낸다. 즉, 이미 알려진 시장 공간이다. 반면에 블루오션은 아직 창출되지 않은 시장, 미지의 시장 공간을 가리킨다.

② '4가지 행동'을 대담하게 도입한다

호주산 와인 옐로테일은 접근하기 쉬운 과일향 가득한 단맛을 실현하는 한편, 고급 와인이 오랫동안 경쟁 포인트로 삼아온 깊은 맛, 숙성이라는 요소를 과감하게 제거했다.

③ 뛰어난 전략에 공통하는 '3가지 차별화'

뛰어난 블루오션 전략의 가치 곡선에는 ① 탄력성, ② 높은 독자성, ③ 소구력 있는 캐치프레이즈라는 3가지 특징이 있다.

전략 포인트 1

새로운 소비자층을 불러들일 시장을 발견한다

새로운 시장 '블루오션'을 창출하라

매년 물고기가 감소한다.
대어다! 신 성장력을 얻었어!
레드오션
경쟁이 심해 이익이 적다.
블루오션
새로운 소비자를 지금까지와는 다른 형태로 불러들여 형성하는 시장.

실천

블루오션이란 경쟁이 적은 시장을 말하지만, 새로운 시장 발견과 창조라는 두 측면이 있는 전략이다.

전략 포인트 2

'4가지 행동'을 대담하게 도입한다

11

제거, 증가, 감소, 추가를 통해 새로운 소비자를 자사의 고객으로 만든다.

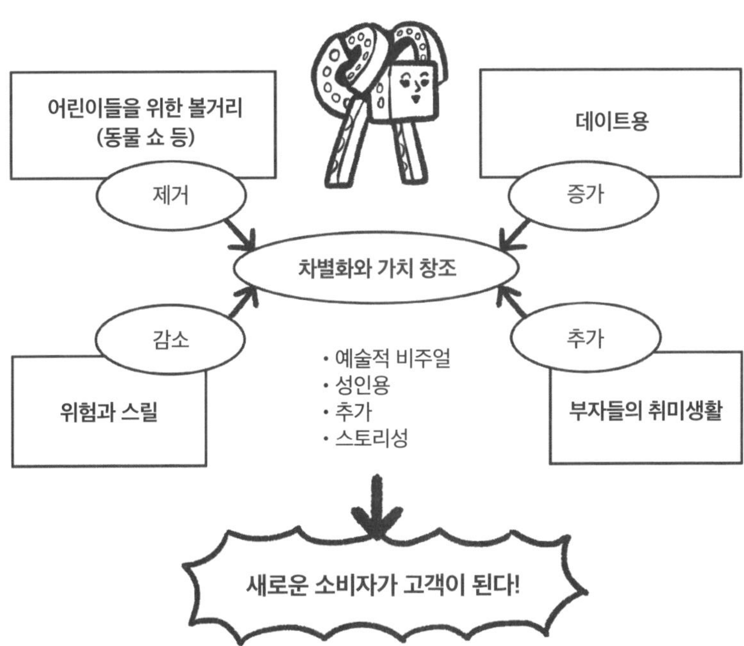
태양의 서커스
어린이들을 위한 볼거리 (동물 쇼 등)
제거
데이트용
증가
차별화와 가치 창조
감소
위험과 스릴
추가
부자들의 취미생활
· 예술적 비주얼
· 성인용
· 추가
· 스토리성
새로운 소비자가 고객이 된다!

실천

역사상 가장 성공한 공연 사업인 '태양의 서커스'는 서커스 시장에 '어른'을 불러들였다. 새로운 소비자를 끌어들여 경쟁 없는 시장을 만들어냈다.

전략 포인트 3

뛰어난 전략에 공통하는 '3가지 차별화'

뛰어난 블루오션 전략에는 '3가지 특징'이 있다.

매우
작다….
아주 크다!
No.1

① 탄력성

② 높은 독자성

③ 소구력 있는 캐치프레이즈

새로운 소비자가 고객이 된다!

실천

3가지 특징은 원인이 아니라 결과이지만, 대담함을 발휘하여 지금까지와는 다른 고객을 이끌어내야 한다.

유일한 매력을 만들려면 5가지에 초점을 맞춰라!

5가지 차별화 전략

전략 12

차별화를 5가지 요소로 좁혀라!

생각한 사람

프레드릭 크로퍼드는 프랑스를 본거지로 하는 세계적 컨설팅 회사 CGEY 부사장으로, 공동저자인 라이언 매슈스는 디트로이트에서 사는 미래학자이다.

내용

《우수성의 신화》는 5가지 요소, '가격·서비스·접근성·상품·경험가치'를 사례 위주로 분석하며 각 요소를 어떻게 차별화할 것인가를 중심으로 논한다.

성립 과정

이 책에서 소개하는 방법은 3년간에 걸친 조사에서 도출되었다. 소비자는 '자신이 추구하는 균형 면에서' 1등 기업을 고른다. 따라서 모든 면에서 최고를 목표로 하는 기업에 자만하지 말 것을 경고한다.

호시노 리조트 CEO
호시노 요시하루

우리도 팬입니다

고민

유사한 제품과 서비스가 넘쳐나는 가운데, 차별화할 수 있을까?

해답

가격, 서비스, 접근성, 상품, 경험가치에
초점을 맞추어 업계 수준을
달성하도록 설계한다!

전략 포인트

① 초점을 5가지로 좁혀 탄력적으로 차별화를 노린다

상품화와 자원의 유한성이라는 경영과제를 해결한다(경쟁 우위에 서기 위한 이상적인 점수는 5, 4, 3, 3, 3점이다).

② '모두 동일'하다는 함정에 빠지면 안 된다

차별화 전략에는 상품화에 빠지지 않고, 한정된 경영자원으로 선택과 집중이 가능하다는 장점이 있다.

③ '심리적 접근성'도 의식한다

차별화 요소 중 하나인 '접근성'에는 물리적 접근성과 심리적 접근성의 두 분야가 있다는 것을 알아야 한다.

전략 포인트 1

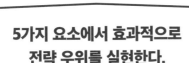

초점을 5가지로 좁혀 탄력적으로 차별화를 노린다

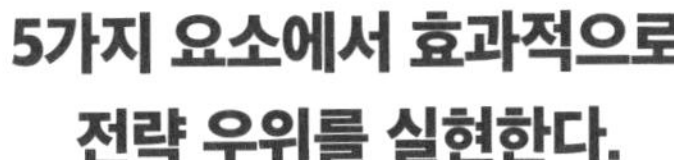
5가지 요소에서 효과적으로
전략 우위를 실현한다.

모든 비즈니스와 연관된 5가지 요소

가격
서비스
접근성
상품
경험가치

- 한 가지로 시장을 지배(5점)
- 다른 하나로 차별화(4점)
- 남은 3가지로 업계 수준 달성(각 3점)

왜 5가지 전부 5점을 받으려 하지 않지?

?

기업이 모두 뛰어나기란 불가능하고, 모든 요소를 이해하기도 어려우니까.

실천

무엇이든 한다고 해서는 여타의 경쟁자와 다를 바 없다.

전략 포인트 2

'모두 동일하다'는 함정에 빠지면 안 된다

차별화 전략에서는 2가지 큰 장점이 있다.

호시노 리조트 CEO
호시노 요시하루

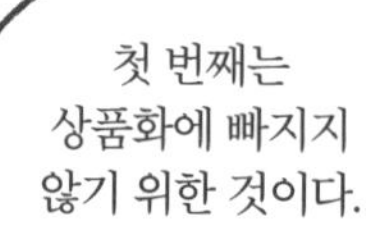
첫 번째는
상품화에 빠지지
않기 위한 것이다.

두 번째는 경영자원이
한정되면서 가능해진
선택과 집중이다.

?
!

모든 면에서 뛰어나려고 하면
오히려 명확한 차별화가 어렵다

5개 요소로 좁힌 후,
3가지는 '업계 평균'이라는
과감한 포기로 대담한 특징을 드러낸다

실천

이 전략은 대체 불가능한 기업들의 공통점에서 만들어졌다. 차별화에서 성공하려면 불필요한 부분을 과감하게 포기해야 한다.

전략 포인트 3

'심리적 접근성'도 의식한다

12

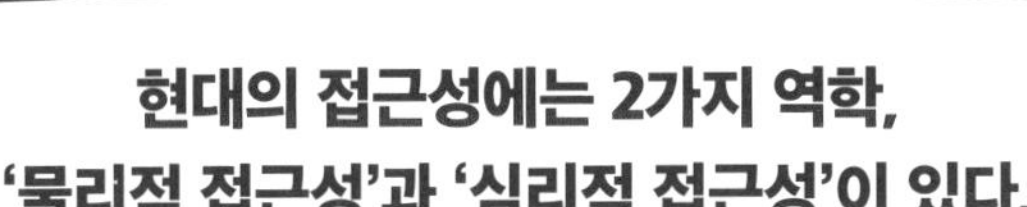

현대의 접근성에는 2가지 역학,
'물리적 접근성'과 '심리적 접근성'이 있다.

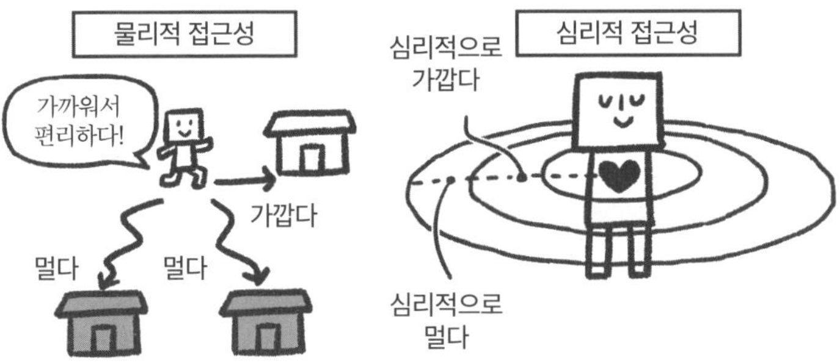
물리적 접근성
가까워서
편리하다!
가깝다
멀다
멀다
심리적 접근성
심리적으로
가깝다
심리적으로
멀다

심리적 틀이나 소통 감각도 심리적 접근성이 된다

레벨 3	라이프스타일을 둘러싼 문제를 해결해준다
레벨 2	편리하게 경험할 수 있다
레벨 1	간단히 발견할 수 있다

실천

인터넷 시대에는 물리적 접근성뿐 아니라, 심리적 접근성도 소비자의 시선을 끄는 매력이 된다.

전략

13

경쟁하지 않고도 높은 수익성을 얻을 수 있다

경쟁하지 않는 경쟁 전략

선두 기업과 다른 형태로 시장을 설정하는 동시에 진입장벽을 만들 것!

성립 과정

수많은 기업이 경쟁하는 시장에서는 경쟁으로 인해 서로 피폐해진다. 일본은 국내적으로는 심각한 기업 간 경쟁, 국외적으로는 신흥경제국의 기업에 의한 비용경쟁 등으로 이익률 저하가 이어진다. 이러한 상황을 탈피하기 위해 '경쟁 없는 이익' 실현을 주장한다.

생각한 사람

야마다 히데오는 미쓰이종합연구소에 입사하면서 대기업 사외감사이사 등을 역임했고, 현재 와세다대학 비즈니스 스쿨 교수로 재직 중이다. 《그들은 왜 싸우지 않는가》 외에도 비즈니스 전략에 관한 서적을 다수 집필했다.

내용

《그들은 왜 싸우지 않는가》는 전체 5장으로 구성되었다. 1장 "경쟁하지 않는 경쟁 전략이란", 2장 "니치 전략", 3장 "딜레마 전략", 4장 "협조 전략", 5장 "싸우지 않고도 성장하는 전략을 위해"이다.

고민

경쟁이 과도한 데다가 대기업은 동질화되기 시작했다.
어떻게 이익을 얻을 것인가?

해답

대기업과 경쟁하지 않으려면
'니치 전략, 딜레마 전략, 협조 전략'이
필요하다!

전략 포인트

① '모방하지 못할' 전략을 펼친다.

경쟁하지 않으려면 업계 선두 기업과 영역을 나누거나 공생해야 한다. 구체적인 방법으로 니치 전략, 딜레마 전략, 협조 전략 3가지를 제안한다.

② '양'이나 '질'로 차별화한다.

틈새 기업의 무기로는 진입장벽을 높이는 질적 제어와 시장규모의 양적 제어 2가지가 있다.

③ 상대의 무기를 '약점'으로 바꾼다.

딜레마 전략과 협조 전략을 적재적소에 활용한다.

전략 포인트 1

'모방하지 못할' 전략을 펼친다

대기업이나 선두 기업이 흉내 내지 못하는 상황을 만든다.

경쟁하지 않는 경쟁 전략의 2가지 방향성과 3가지 전략 분류

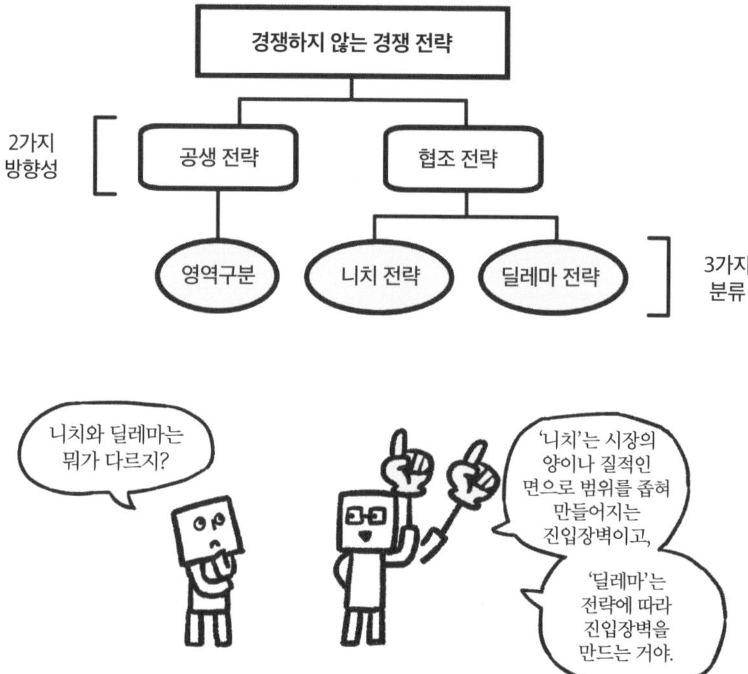
경쟁하지 않는 경쟁 전략
2가지 방향성
공생 전략
협조 전략
영역구분
니치 전략
딜레마 전략
3가지 분류
니치와 딜레마는 뭐가 다르지?
'니치'는 시장의 양이나 질적인 면으로 범위를 좁혀 만들어지는 진입장벽이고,
'딜레마'는 전략에 따라 진입장벽을 만드는 거야.

실천

경쟁하지 않는다는 것은 진입장벽이 자연스럽게 만들어지는 길을 선택하거나 파트너가 되는 길을 선택하는 것! 경쟁에 직면하지 않는 자체가 이미 유리하다는 것을 의미한다.

전략 포인트 2

'양'이나 '질'로 차별화한다

13

니치 전략의 기본은 시장의 두 축에 있다.

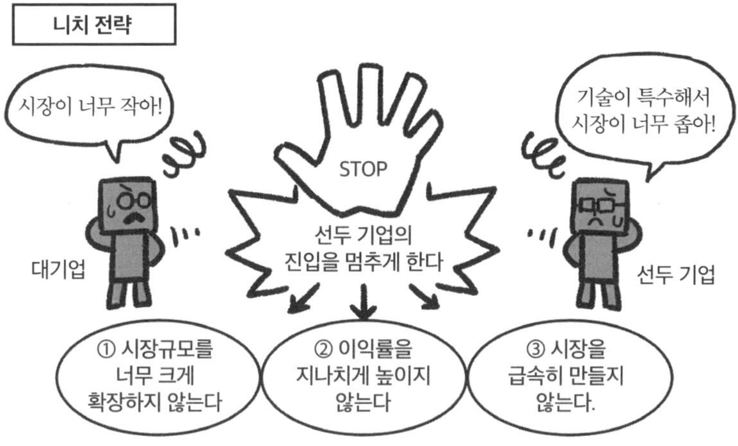

니치 전략

시장이 너무 작아!
대기업
STOP
선두 기업의 진입을 멈추게 한다
기술이 특수해서 시장이 너무 좁아!
선두 기업
① 시장규모를 너무 크게 확장하지 않는다
② 이익률을 지나치게 높이지 않는다
③ 시장을 급속히 만들지 않는다.

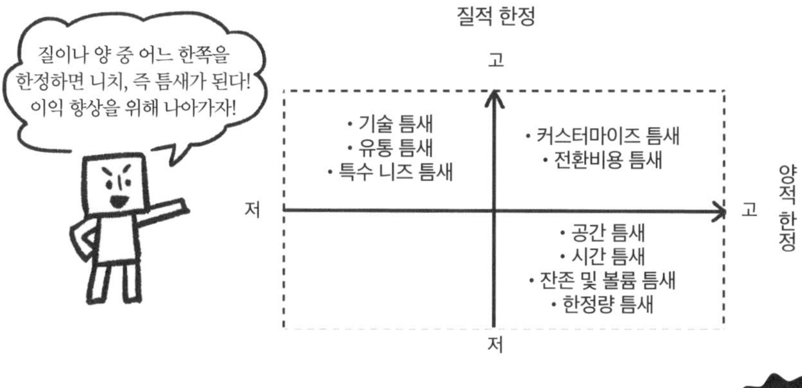

질이나 양 중 어느 한쪽을 한정하면 니치, 즉 틈새가 된다! 이익 향상을 위해 나아가자!
질적 한정
고
저
양적 한정
고
저
· 기술 틈새
· 유통 틈새
· 특수 니즈 틈새
· 커스터마이즈 틈새
· 전환비용 틈새
· 공간 틈새
· 시간 틈새
· 잔존 및 볼륨 틈새
· 한정량 틈새

자사에 유리하지만 타사에는 매력 없는 시장을 형성하는 것이 핵심이다!

전략 포인트 3

상대의 무기를 '약점'으로 바꾼다

대기업의 강점을 약점으로 만드는 '딜레마 전략'과 대기업과 발맞추는 '협조 전략'

딜레마 전략 자산이 많은 대기업은 하지 못하는 것을 한다.

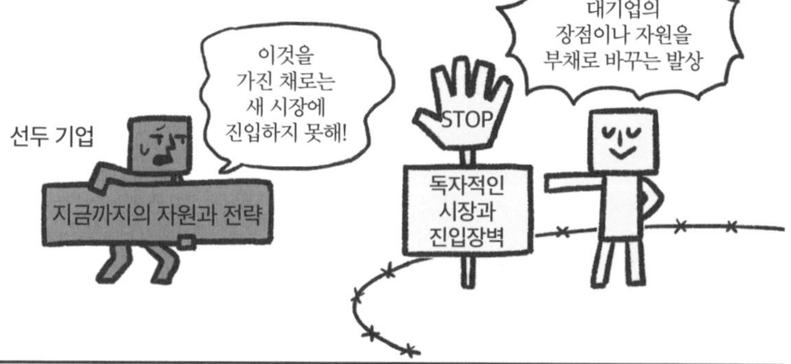
선두 기업
이것을 가진 채로는 새 시장에 진입하지 못해!
지금까지의 자원과 전략
대기업의 장점이나 자원을 부채로 바꾸는 발상
STOP
독자적인 시장과 진입장벽

협조 전략 가치사슬 안으로 들어가 대기업과 공존공영을 노린다.

나도 끼워줘! 보탬이 될게!
소비자에게 가치 제공

실천

딜레마는 상대의 자산이 진입하는 데 방해가 되는 비즈니스를 창출하는 것이며, 협조란 공존공영을 노리는 것이다.

경영 전략의 기본은
'차별화'!

4장

기업 전략

경제가 발전하면서 전략이 활용되는 곳이 '전쟁터'에서 '기업'으로 이동했다.

제품 창출에 이바지한 산업 전략에 관해 알아보자.

전략 14

다품종 소량생산을 저비용으로

도요타 생산방식

낮은 비용으로 다품종 소량 생산을 할 수 있다!

성립 과정

생산량이 증가하면 제조 비용이 감소하는 미국식 생산방식에 대한 의문이 도요타의 독자적인 생산이념으로 이어졌다. 특히 1970년대 오일쇼크로 물건이 대량으로 팔리지 않는 시대에 접어들면서 다품종 소량 생산, 즉 팔린 만큼만 만드는 동시에 비용을 낮추는 도요타의 생산방식이 우위를 결정하게 되었다.

생각한 사람

오노 다이치는 1912년 중국 다롄에서 태어났다. 도요타 방적에 입사한 후, 1943년 도요타 자동차로 전직했다. 그는 "저스트 인 타임"이라는 이념 아래 도요타 생산방식을 체계화했고, 현재로 이어지는 도요타 자동차의 생산이념을 확립했다.

내용

《도요타의 생산방식》은 전체 5장으로 구성되어 있다. 창시자 도요타 사키치를 향한 경의와 도요타 생산방식이 새로운 생산방법의 '발명'임을 강력하게 시사한다.

고민

다품종 소량생산으로 비용 저감이 가능할까?

해답

'생산'을 축으로 비용을 줄이는 게 아니라,
'판매'를 축으로 비용 삭감을 시행하면
다품종이어도 비용을 낮출 수 있다!

전략 포인트

① '팔리는 만큼만 생산'한다

팔리는 만큼만 조립 부품을 준비하고 생산 설비를 가동한다.

② 재고를 제로에 가깝게 하는 '간판 방식'을 이용한다

과다 인원, 과잉 재고, 과다 설비! 사람도 제품도 설비도 재료도 필요 이상으로 남는다면 원가만 상승할 뿐이다.

③ 개발 대상을 '제품'에서 '생산방식'으로 전환한다

최대성과라고 한다면, 사키치의 염원이라고도 할 '절대적 힘만으로 일대 발명을 이루는 것'을 훌륭하게 성취한 것이다.

전략 포인트 1

'팔리는 만큼만 생산'한다

미국 방식과는 역산으로 도출한 도요타의 비용 삭감 사상!

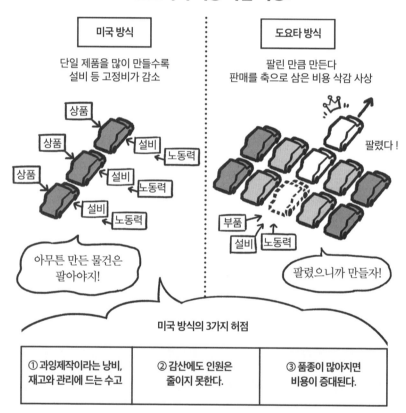

미국 방식	도요타 방식
단일 제품을 많이 만들수록 설비 등 고정비가 감소	팔린 만큼 만든다 판매를 축으로 삼은 비용 삭감 사상

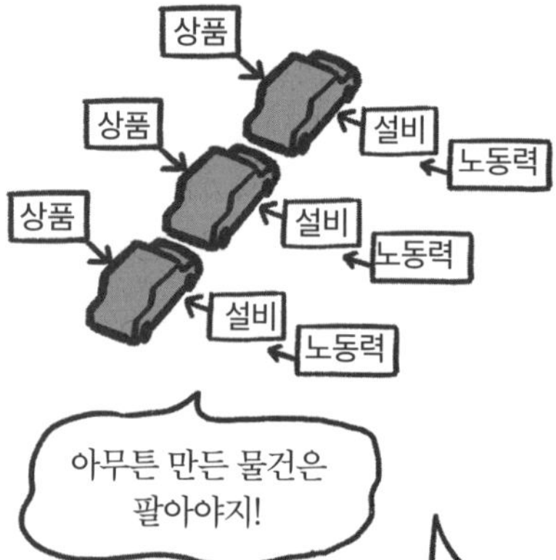

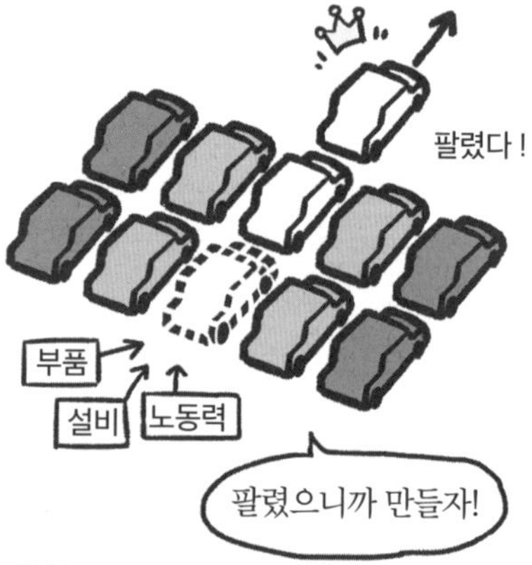

상품
설비
노동력
상품
설비
노동력
상품
설비
노동력
아무튼 만든 물건은 팔아야지!
팔렸다 !
부품
설비
노동력
팔렸으니까 만들자!

미국 방식의 3가지 허점

① 과잉제작이라는 낭비, 재고와 관리에 드는 수고	② 감산에도 인원은 줄이지 못한다.	③ 품종이 많아지면 비용이 증대된다.

실천

제조 관점이 아니라 판매 관점에서 실시한 비용 삭감이라는 점에서 참신하다.

전략 포인트 2

재고를 제로에 가깝게 하는 '간판 방식'을 이용한다

14

도요타 생산방식

미리 부품을 만들지 않고, 후공정에서 필요한 만큼의 부품 생산을 지시하는 방식!

미국 방식

오래된 미국 방식은 앞 공정을 기점으로 삼기에 재고가 대량으로 필요하다.

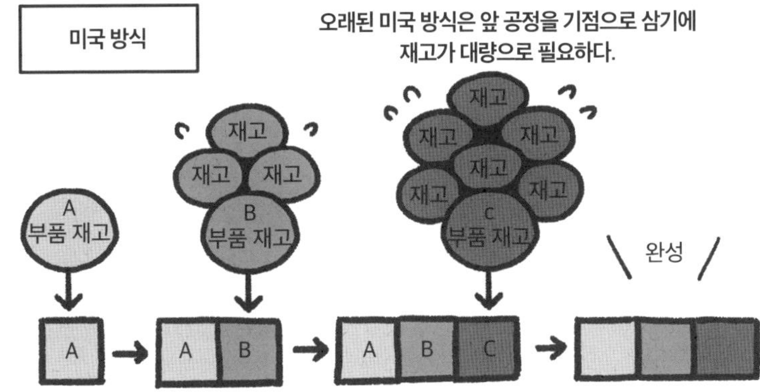

A 부품 재고
재고
재고
재고
B 부품 재고
재고
재고
재고
재고
재고
재고
C 부품 재고
완성
A
A B
A B C

도요타 방식

'간편 방식'은 후공정으로 필요한 부품을 확인하기에 재고를 최소화할 수 있다.

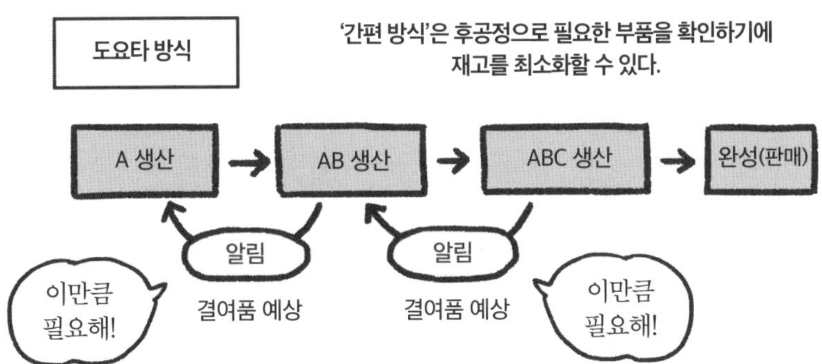

A 생산
AB 생산
ABC 생산
완성(판매)
알림
알림
이만큼 필요해!
결여품 예상
결여품 예상
이만큼 필요해!

재고를 제로에 가깝게 만드는 관점에서 가능한 생산방식이다.

실천

전략 포인트 3

개발 대상을 '제품'에서 '생산방식'으로 전환한다

생산방식의 발명으로 세계 기업이 된 도요타

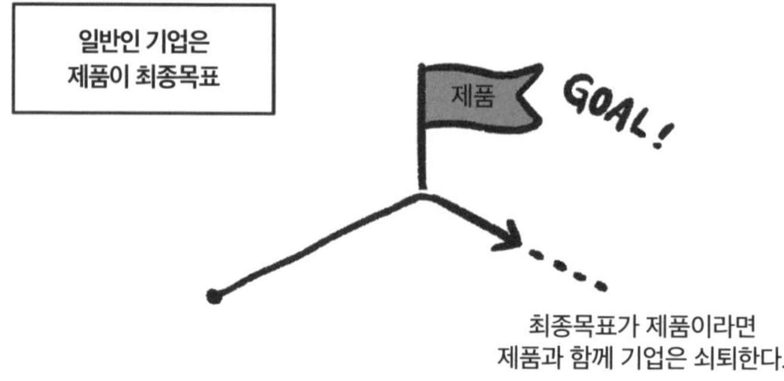
일반인 기업은
제품이 최종목표
제품
GOAL!
최종목표가 제품이라면
제품과 함께 기업은 쇠퇴한다.

도요타의 힘

개별제품이 아닌 생산방식을 개발하여
세계적인 기업이 되었다.

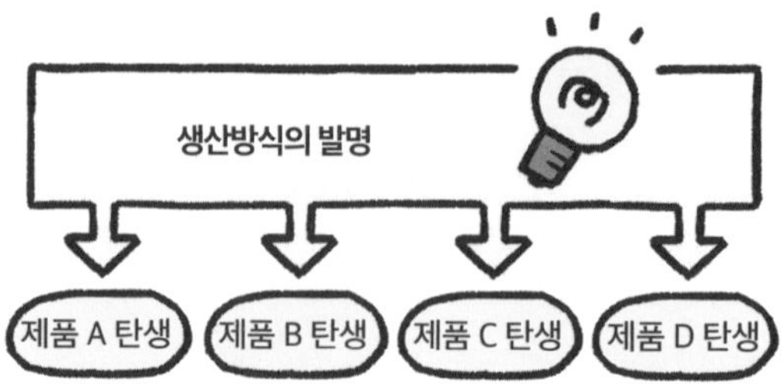
생산방식의 발명
제품 A 탄생
제품 B 탄생
제품 C 탄생
제품 D 탄생

실천

제품이나 기술이 아닌 생산방식을 개발해, 근본적인 변화를 꾀한다면 오래갈 수 있다.

에피소드

발명가이자 혁신가인 사키치의 꿈

14

도요타 생산방식

도요타 사키치는 회사 대표를 그만두고
미국으로 여행을 떠났다.
뭐 좋은 일 없을까?
뉴욕에 도착한 사키치를
기다리고 있던 것은
굉~장~하다!
의욕을 되찾은 사키치
다시 일어서는 거야!
「자동차를 향한 꿈」은
아들 기이치로가
이어갔으나
생산방식
세계의 TOYOTA
귀국 후에는 방적회사를 일으켜 대성공
방적사는 돈을 많이 벌어주는군!
「혁신의 씨」는 사키치가 뿌렸다!
잘 자라거라~

전략

15

암호기술이 세계를 바꾼다

블록체인 혁명

거대 플랫폼을
거치지 않고
개인끼리 거래하는
시대가 도래했다!

생각한 사람

탭스콧그룹 CEO인 돈 탭스콧은 투자은행에서 근무하던 아들 알렉스 탭스콧이 블록체인 영향력을 연구했던 경험을 바탕으로 《블록체인 혁명》을 함께 저술했다.

성립 과정

사토시 나카모토가 발표한 논문에서 비트코인과 블록체인 기술이 세계적으로 주목을 받았다. 블록체인 기술에 감춰진 거대한 가능성이 세계를 어떻게 바꿀 것인지에 대해 이 책은 폭넓게 논하고 있다.

내용

《블록체인 혁명》은 전 11장으로 구성되어 있다. 1부 1장 "정보의 바다에서 가치의 바다로", 2장 "미래를 소환하는 블록체인 경제의 설계 원칙", 2부 1장 "금융 서비스의 재창조", 2장 "변방에서 회사를 재창조하다", 3장 "블록체인이 만들어 낸 새로운 비즈니스" 등이다.

15

고민

중앙집권적 플랫폼을 뛰어넘는 비즈니스 모델은
더는 나타나지 않을까?

해답

암호기술과 금융 서비스의 혁신을 일궈라

전략 포인트

① 거대 플랫폼을 통하지 않는 거래가 시작됐다

블록체인에는 전체를 관리하는 중심이 존재하지 않는다. 일례로 택시 운전기사의 일을 뺏는 게 아니라 우버를 없애고 운전기사가 직접 일을 따도록 만든다.

② 전 세계에 새로운 비즈니스를 만들어낼 신기술

고도의 보안기술이 삽입돼 있어서 당사자 간 직접 송금이라는 혁신적인 기능이 실현되었다.

③ '진정한 공유서비스'가 가능해진다

사용자끼리 직접 주고받아서 발생하는 경비는 모두 대여자의 몫이다. 진정한 의미의 공유 경제가 실현되는 것이다.

전략 포인트 1

거대 플랫폼을 통하지 않는 거래가 시작됐다

블록체인이란 인터넷상 분산원장의 기술이다.

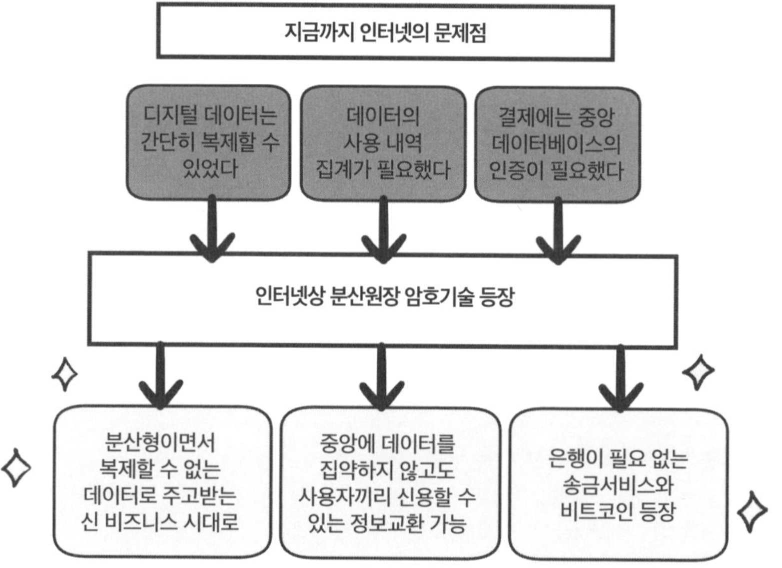

지금까지 인터넷의 문제점
디지털 데이터는 간단히 복제할 수 있었다
데이터의 사용 내역 집계가 필요했다
결제에는 중앙 데이터베이스의 인증이 필요했다
인터넷상 분산원장 암호기술 등장
분산형이면서 복제할 수 없는 데이터로 주고받는 신 비즈니스 시대로
중앙에 데이터를 집약하지 않고도 사용자끼리 신용할 수 있는 정보교환 가능
은행이 필요 없는 송금서비스와 비트코인 등장

개인에게도 커다란 비즈니스 기회가 생기는 시대가 되었다.

실천

블록체인은 인터넷 장부로 기능하므로 탈중앙화할 수 있게 된다. 이 기술로 전 세계에 완전히 새로운 비즈니스가 나타날 것이다.

전략 포인트 2

세계적으로 새로운 비즈니스를 만들어낼 신기술

15

블록체인 혁명

네트워크 개혁으로 신 비즈니스를 차례로 만들어낸다.

지금까지의 네트워크

거래가 발생할 때마다 부과되는 수수료는 큰 부담이었다.

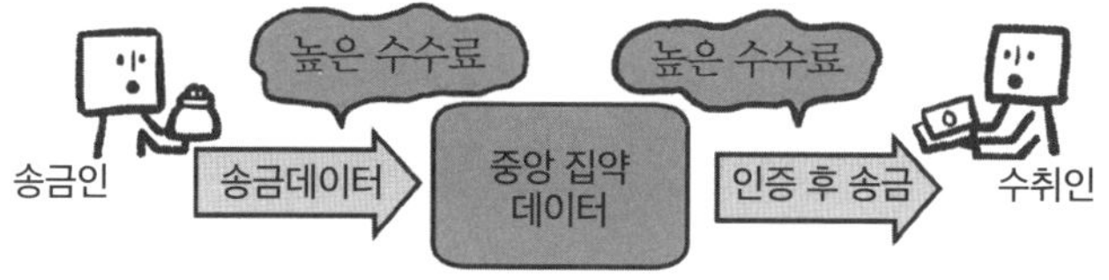

높은 수수료
높은 수수료
송금인
송금데이터
중앙 집약 데이터
인증 후 송금
수취인

블록체인 구조

수수료가 낮으므로 수취인의 수취 분량이 증가한다.

낮은 수수료
인터넷
인터넷
송금인
송금데이터
이력과 신용
송금데이터
수취인
신용과 이력이 필요한 데이터도 중앙의 데이터베이스를 거치지 않고 송금 가능!
예술가 등 크리에이터가 자신의 권리를 챙기고 저렴한 송금서비스 이용 가능!

고도의 보안기술로 직접 송금이 가능해지고, 크리에이터에게도 적절한 대가를 지급할 수 있게 된다.

실천

전략 포인트 3

'진정한 공유서비스'가 가능해진다

중앙을 일절 거치지 않는 '진짜 공유 경제'가 등장하는 시대가 온다.

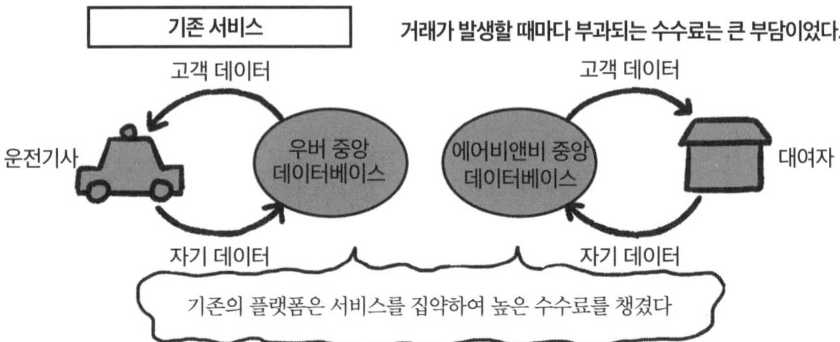
기존 서비스
거래가 발생할 때마다 부과되는 수수료는 큰 부담이었다.
고객 데이터
운전기사
우버 중앙 데이터베이스
자기 데이터
고객 데이터
에어비앤비 중앙 데이터베이스
대여자
자기 데이터
기존의 플랫폼은 서비스를 집약하여 높은 수수료를 챙겼다

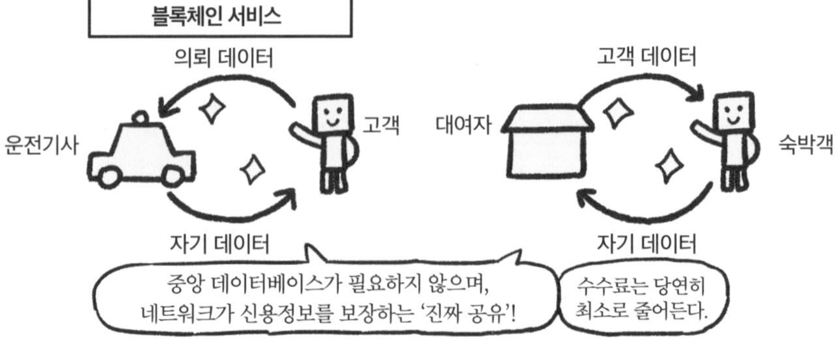
블록체인 서비스
의뢰 데이터
운전기사
고객
자기 데이터
고객 데이터
대여자
숙박객
자기 데이터
중앙 데이터베이스가 필요하지 않으며, 네트워크가 신용정보를 보장하는 '진짜 공유'!
수수료는 당연히 최소로 줄어든다.

실천

가장 낮은 수수료로 사용자끼리 직접 주고받을 수 있는 시대가 도래한다.

전략 16

전략적으로 모방하고, 그것을 뛰어넘다

진화적 모방 전략

'중국인 사용자의 독자성'을 가장 빠르게 제품 개발에 도입했다!

생각한 사람

중국 광동성 선전시에서 자란 마화텅은 알리바바의 최고경영자 마윈처럼 해외에서 MBA를 취득하지 않았다. 그러나 중국 정부가 최첨단 산업에 주력하는 지역인 선전 특구의 영향으로 성공한 인물이다.

내용

《마화텅과 텐센트 제국》은 전체 12장으로 구성되었다. 1장 "마화텅은 누구인가?", 2장 "마화텅의 파트너와 친구들", 6장 "OICQ에서 QQ에 이르기까지", 7장 "문자 메시지가 텐센트를 수익성 있는 인터넷 기업으로 만들다", 11장 "게임 시장에서의 결전" 등이다.

성립 과정

《마화텅과 텐센트 제국》은 린쥔과 장위저우의 공저로, 두 사람의 정보는 제공되어 있지 않다. 이 책에서는 세계 시가총액 순위에서 알리바바와 아시아 1위 자리를 다투는 인터넷 기업 텐센트의 급성장 비결에 집중하고 있다.

고민

후발주자라도 1등 자리를 다툴 정도로 성장할 수 있을까?

해답

라이벌과의 경쟁에서 승리하는
무수한 지혜가 있다면
1등이 될 수 있다!

전략 포인트

① 흉내로 시작했지만 원조를 초월한다

텐센트의 OICQ는 독자적인 것이 아니라, 모방품으로 등장했다. '초월식 모방'은 마화텅의 창업 당시부터 이어온 제품 철학이다.

② '사용자 체험'을 철저히 분석한다

마화텅은 텐센트의 경쟁력이 인스턴트 메시지 사용자 집단과 커뮤니티에 있으며, 단순한 점유율로는 설명할 수 없다고 생각한다. 그는 현장에서 직접 신속하고 정확하게 사용자 피드백을 얻을 수 있었다.

③ 경쟁이란 '전혀 다른 관점'으로 전환하는 것이다

텐센트가 소프트웨어 분야에서 마이크로소프트를 이길 수 없었던 이유는 자사의 취약 분야로 상대의 주력 분야에 도전했기 때문이다.

전략 포인트 1

흉내로 시작했지만 원조를 초월한다

16

'초월식 모방', 즉 흉내부터 시작한다.

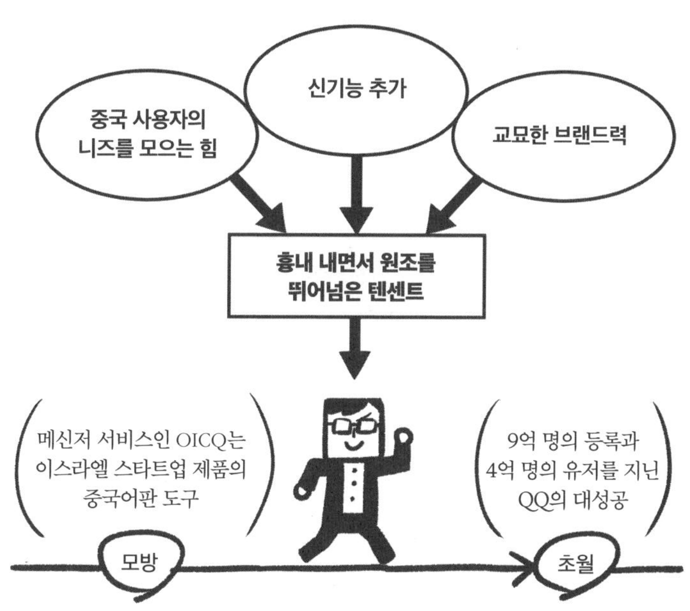
중국 사용자의
니즈를 모으는 힘
신기능 추가
교묘한 브랜드력
흉내 내면서 원조를
뛰어넘은 텐센트
메신저 서비스인 OICQ는
이스라엘 스타트업 제품의
중국어판 도구
9억 명의 등록과
4억 명의 유저를 지닌
QQ의 대성공
모방
초월

마화텅이 모방한 이스라엘 스타트업은 결국 미국의 AOL에 매수되었다.
즉, 텐센트는 '모방 이외의 능력'도 발휘했다!

실천

흉내부터 시작해도 사용자 체험으로 개선을 거듭하며 원조를 뛰어넘는 힘을 발휘하자.

전략 포인트 2

'사용자 체험'을 철저히 분석한다

사용자의 니즈와 체험 정보를 중시한다.

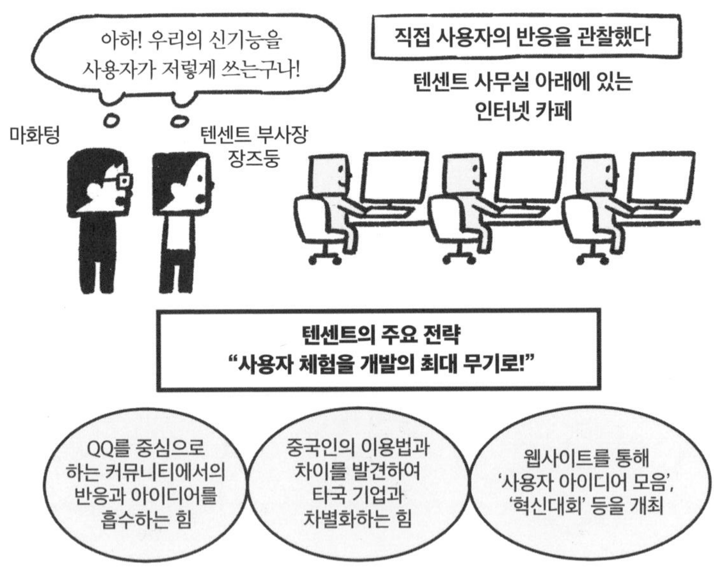
아하! 우리의 신기능을
사용자가 저렇게 쓰는구나!
직접 사용자의 반응을 관찰했다
텐센트 사무실 아래에 있는
인터넷 카페
마화텅
텐센트 부사장
장즈둥

텐센트의 주요 전략
"사용자 체험을 개발의 최대 무기로!"

QQ를 중심으로 하는 커뮤니티에서의 반응과 아이디어를 흡수하는 힘

중국인의 이용법과 차이를 발견하여 타국 기업과 차별화하는 힘

웹사이트를 통해 '사용자 아이디어 모음', '혁신대회' 등을 개최

서비스가 사용되는 현장에서 개발의 실마리를 얻는다!

실천

타국 기업과 차별화하기 위해, 자국 사용자의 이용법을 철저히 연구! 강력한 개발 무기를 갈고 닦았다.

전략 포인트 3

경쟁이란 '전혀 다른 관점'으로 전환하는 것이다

16

진화적 모방 전략

마이크로소프트와의 전쟁에서 보는 텐센트의 '지혜'

제1라운드
상대의 기술로 상대를 공격하려고 했네. 인재를 스카우트하고 메일 기능을 강화했지만 효과는 없고….
마이크로소프트 MSN
텐센트
제2라운드
동양적 지혜! 중국인용 신기능을 차례로 추가
중국인 사용자의 피드백 기능이라면 텐센트는 세계의 거인에게 이길 힘을 갖출 수 있지!
마이크로소프트 MSN
텐센트

큰 시장인 '중국인 사용자'에게 특화한 점이 성공의 열쇠

실천

상대의 무기를 똑같이 사용해서는 이길 수 없다. 전문분야의 기능으로 차별화를 계속하는 현명함을 발휘해야 한다.

전략

17

효과적인 물류 전략으로 우위를 점한다

물류 구조의 개혁

물류를 사용하면 경쟁에서 이길 수 있다!

성립 과정

가쿠이 료이치는 매년 미국에서는 30일 이상, 동남아시아에서는 10일간 머무르며 최신 물류 비즈니스를 시찰하는 전문가이다. 미국, 유럽을 비롯하여 세계 각국에서는 뛰어난 물류 전략이 하나의 비즈니스 모델로 인지되고 있으며, 일본 기업이 세계 수준의 물류 전략 발상을 배우는 길을 보여준다.

생각한 사람

가쿠이 료이치는 미국 골든게이트 대학에서 MBA를 취득한 후, 후나이 종합연구소 등을 거쳐 가업인 물류회사 고키光輝에 입사했다. 이후 주식회사 이로지트를 설립하며 통신판매 물류를 수탁하는 일본 내 1등 통판 전문 물류 대행사로 키웠으며, 현재 관련 컨설팅도 하고 있다.

내용

《아마존, 니토리, 자라… 굉장한 물류 전략》은 아마존, 니토리, 아이리스 오야마, ZARA, DHL의 물류 전략을 분석하고 물류 전략 프레임워크와 최신 동향을 해설한다.

고민

아마존과 같이 '물류로 앞선 기업'의 강점은 어디에 있는가?

해답

'고객 니즈×물류'의 조합은
강력한 경쟁 우위로 이어진다!

전략 포인트

① '물류'관리는 경영 전략 핵심 중 하나다

물류는 비즈니스 모델 그 자체. 제프 베이조스가 아마존은 물류회사라고 이야기하듯이 그는 끊임없이 물류에 투자하고 있다.

② 물류 전략은 '4C 프레임워크'로 실행한다

편리성과 시간, 수단, 비용을 고려한다.

③ 제조와 구매를 연결하는 '개별의 효율성'을 높인다

옴니채널을 간단히 정리하면, '어떤 주문법에도 어떤 수령법에도 대응하는, 고객 만족도가 높은 상업 구조'이다.

전략 포인트 1

'물류'관리는 경영 전략 핵심 중 하나다

물류는 단순히 '물건의 이동'이 아니라 기업의 '중요한 전략' 요소이다.

물류에 강한 5개 회사

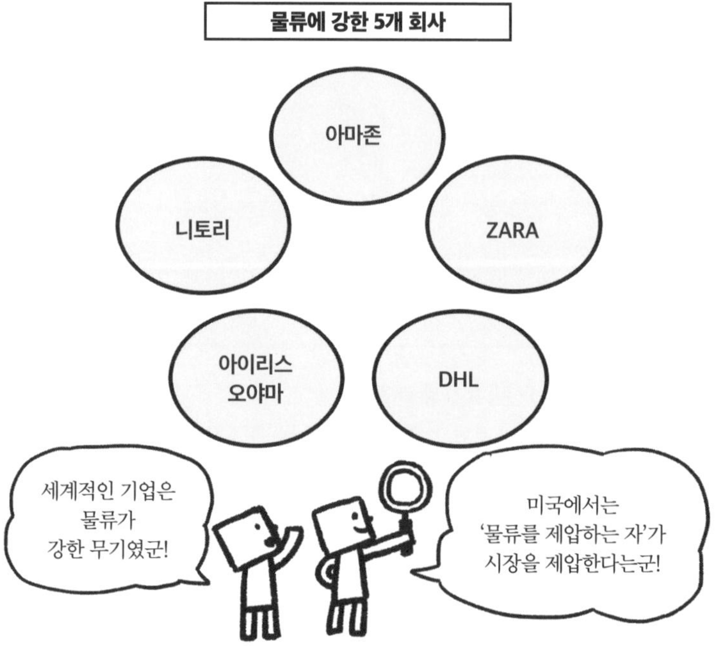
아마존
니토리
ZARA
아이리스 오야마
DHL
세계적인 기업은 물류가 강한 무기였군!
미국에서는 '물류를 제압하는 자'가 시장을 제압한다는군!

실천

물류를 효과적으로 조합하면 기업이 세운 강력한 전략까지 구축할 수 있다. 인터넷 시대이기 때문에 사람과 물건을 연결하는 물류는 반드시 필요하다.

전략 포인트 2

17

물류 전략은 '4C 프레임워크'로 실행한다

물류는 '4C' 전략 사고로 실행된다.

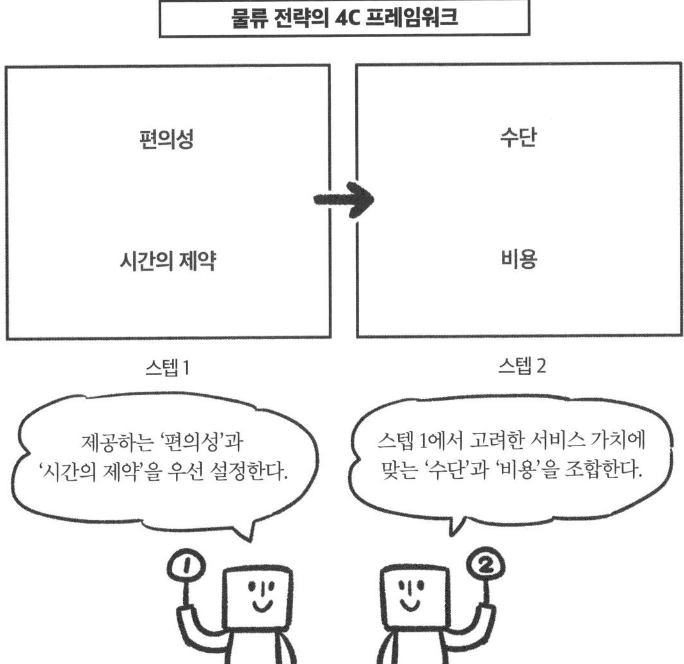
물류 전략의 4C 프레임워크
편의성
시간의 제약
수단
비용
스텝 1
스텝 2
제공하는 '편의성'과
'시간의 제약'을 우선 설정한다.
스텝 1에서 고려한 서비스 가치에
맞는 '수단'과 '비용'을 조합한다.

실천

물류 전략은 소비자에게 어떤 편의성을 제공하는가에서 시작한다. 나아가 편의성에 비용이나 시간을 조합하여 독자적인 전략을 만들어낸다.

전략 포인트 3

제조와 구매를 연결하는 '개별의 효율성'을 높인다

제공하는 가치와 전체상을 설계, 개별 효율성을 도모한다.

옴니채널의 만족도가 높은 이유

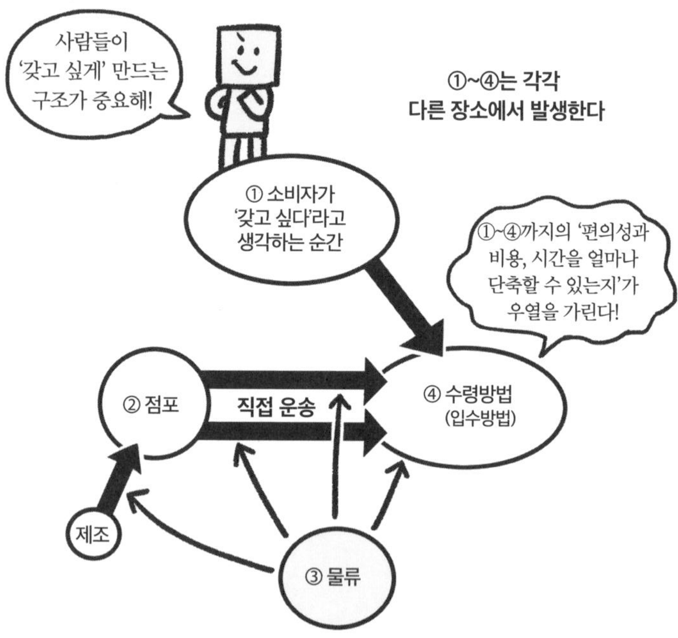
사람들이 '갖고 싶게' 만드는 구조가 중요해!
①~④는 각각 다른 장소에서 발생한다
① 소비자가 '갖고 싶다'라고 생각하는 순간
①~④까지의 '편의성과 비용, 시간을 얼마나 단축할 수 있는지'가 우열을 가린다!
② 점포
직접 운송
④ 수령방법 (입수방법)
제조
③ 물류

어떤 주문에도 어떤 수령방법에도 대응한다!

실천

소비자가 갖고 싶다고 생각한 순간과 장소는 상품의 생산현장과는 늘 떨어져 있다. 이 거리를 어떻게 연결할 것인지가 고민해야 할 부분이다.

다른 관점으로 보면, 남에게는 보이지 않는 기회가 보인다

아마존 이펙트

전략 18

생각한 사람

《아마존, 세상의 모든 것을 팝니다》의 저자 브래드 스톤은 〈비즈니스위크〉의 시니어 라이터로, 아마존을 포함한 실리콘 밸리 기업을 취재한 경험이 풍부하다.

내용

《아마존, 세상의 모든 것을 팝니다》는 "믿음", "문학적 감수성", "선교사 혹은 용병?"으로 총 3부로 구성되어 있다.

아마존은
'물건을 파는
비즈니스'가 아니다!

성립 과정

아마존이 이룬 거대한 성공을 창업자인 제프 베이조스를 축으로 그리고 있다. 다수의 인물과 기업이 인터넷 여명기를 맞았지만, 어떻게 베이조스만이 전 지구적 규모의 성공을 손에 넣을 수 있었을까? 그의 성공 궤적을 따라가며 그 비밀을 분석한다.

고민

어째서 아마존만이, 인터넷 여명기의 거대한 기회를
손에 넣을 수 있었을까?

해답

베이조스는 대다수와는 다르게 미래상을
간파하였기에 커다란 승리를 이끌어냈다.

전략 포인트

① 대담하고 탁월한 선견지명과 인재를 향한 선행투자

아마존을 세웠을 때, 베이조스는 D. E. 쇼 그룹의 경영기법을 다수 도입했다. 그는 자신이 한때 소속되었던 D. E. 쇼가 새로운 사업기회에 최우수 인재를 투입하여 만들어낸 성과를 지켜봤다.

② 아마존이 파는 것은 '물건'이 아니다

아마존은 물건을 팔아서 돈을 벌지 않는다. 고객이 쇼핑 중에 판단해야 할 때, 그 판단을 도우면서 돈을 번다.

③ 전자책에서 파괴적인 혁신을 보다

당신이 할 일은 지금까지 해온 사업을 뒤엎는 것이다. 종이책을 판매하는 모두의 일을 빼앗을 각오로 매진해야 한다.

전략 포인트 1

대담하고 탁월한 선견지명과 인재를 향한 선행투자

18

아마존 이펙트

싹이 나기 전부터 가장 우수한 인재를 전력을 다해 모으고 투입한다.

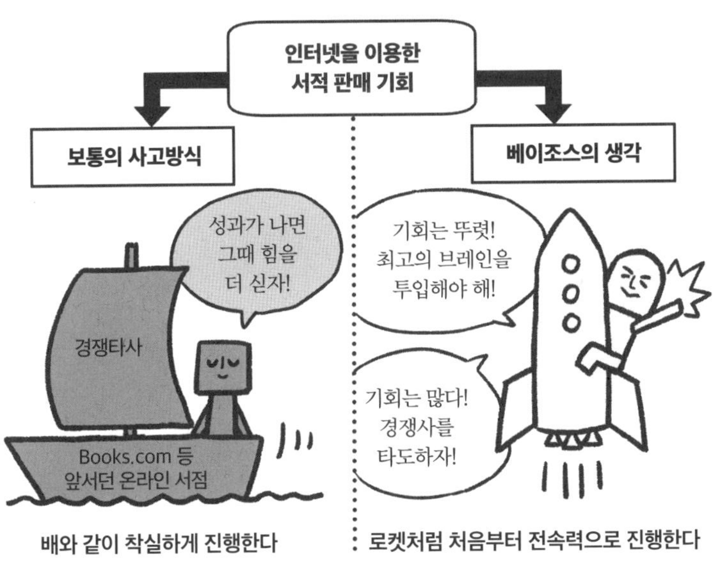

인터넷을 이용한 서적 판매 기회
보통의 사고방식
베이조스의 생각
성과가 나면 그때 힘을 더 싣자!
경쟁타사
Books.com 등 앞서던 온라인 서점
기회는 뚜렷! 최고의 브레인을 투입해야 해!
기회는 많다! 경쟁사를 타도하자!
배와 같이 착실하게 진행한다
로켓처럼 처음부터 전속력으로 진행한다

베이조스는 처음부터 아마존을 인터넷의 '만물상'으로 만들려고 했다.
현명하게도 시작은 '서적 슈퍼마켓'을 목표로 삼았다.

"이거다!" 싶은 비즈니스 기회를 직감했다면 주저 없이 엑셀을 밟는다!

실천

전략 포인트 2

아마존이 파는 것은 '물건'이 아니다

물건을 팔아 돈을 버는 게 아니라는 생각에 따른 성공!

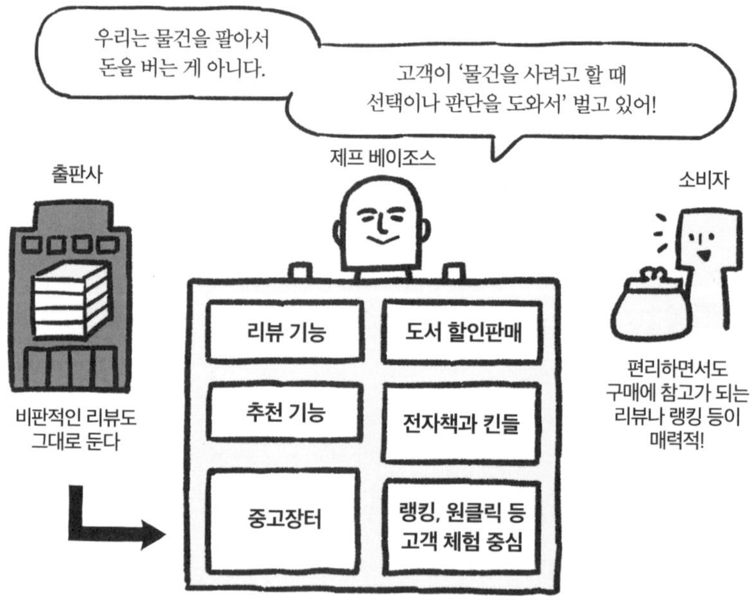

우리는 물건을 팔아서 돈을 버는 게 아니다.
고객이 '물건을 사려고 할 때 선택이나 판단을 도와서' 벌고 있어!
제프 베이조스
출판사
비판적인 리뷰도 그대로 둔다
리뷰 기능
도서 할인판매
추천 기능
전자책과 킨들
중고장터
랭킹, 원클릭 등 고객 체험 중심
소비자
편리하면서도 구매에 참고가 되는 리뷰나 랭킹 등이 매력적!

무한한 비교검토를 통해 출판사에도 영향력이 큰 아마존.
부정적인 리뷰도 '상품력'이 된다!

실천

고객의 판단을 돕는다고 생각하며 제삼자의 위치에서 모두에게 엄격해야 한다.

전략 포인트 3

18 전자책에서 파괴적인 혁신을 보다

《혁신기업의 딜레마》를 통해 연구하며 킨들에서 파괴적 혁신을 도모했다.

그동안 종이책을 이용하지 못했던 경우에도 소비자가 책을 살 수 있다!
종이책을 파는 모두의 일자리를 빼앗을 정도의 가능성!
제프 베이조스
혁신기업의 딜레마
킨들
클레이튼 크리스텐슨 교수의 세계적 저서

'전자책으로 파괴적인 혁신이 가능'하다고 베이조스는 판단했고, 바로 행동했다.

실천

지금까지 구매할 수 없었던 물리적 조건을 바꿔버리는 기술! 파괴적 혁신의 정의를 이해한 후 의도적으로 접목한다.

5장

실행 전략

전략론이 무르익고
다수의 이론이 태어났지만,
탁상공론으로 끝나서는
아무런 의미가 없다.

실제 행동으로 이어지는 실행 전략을 살펴보자.

전략 19

현실에서 벗어난 전략론이라면 의문을 가져라

유일무이한 전략은 없다

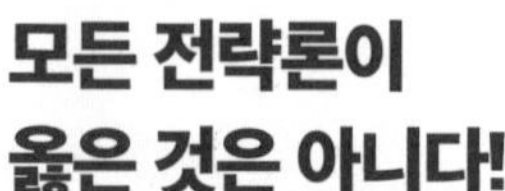
모든 전략론이
옳은 것은 아니다!

성립 과정

경영사상가 헨리 민츠버그는 전략론의 10개 유파를 조망하면서 각각 무엇을 의미하는지 분석했다. 각 유파는 자기가 분석할 수 있거나 알고 있다고 생각하는 현실만을 짚어내 '전부'라고 생각하는 경향이 있다고 이 책은 지적한다.

생각한 사람

헨리 민츠버그는 캐나다의 맥길대학교 경영대학원 교수로, 세계적 경영사상가로 알려져 있다. 고전적인 전략론에 의문부호를 붙여 새로운 논의를 일으키기도 했다.

내용

《전략 사파리》는 민츠버그 외에 브루스 알스트랜드, 조셉 램펠과의 공저로 전체 12장으로 구성되어 있다. 1장 "전략경영이라는 이름의 코끼리"부터 11장까지 각 유파에 관한 설명과 비평이 이어진다. 그리고 12장 "전략 사파리: 당신은 무엇을 보았는가?"에서 전체를 아우르는 결론을 펼친다.

고민

전략론에는 유파가 여럿 있는데, 어느 주장을 신뢰해야 할까?

해답

각 유파의 주장을 통합적으로 살펴봐야 한다.

전략 포인트

① 10가지 전략의 장단점을 나눈다

눈을 감은 6번째 남자는 코끼리에 손을 뻗자마자 살랑살랑 흔들리는 꼬리를 잡고 이렇게 말했다. “아하! 코끼리는 줄과 같구나!”

② 전략은 크게 ‘5가지 P’로 분류할 수 있다

전략이란 플랜이며 패턴이다. 또 포지션이기도 하며, 퍼스펙티브 혹은 플로이라고 할 수 있다.

③ 행동하지 않으면 진짜 전략은 부상하지 않는다

전략은 처음부터 모두 데이터화할 수 있는 게 아니며 시작하기 전에 완벽한 계획이 세워지는 일도 거의 없다. 오히려 전략을 기점으로 행동을 실행하면 그에 따라 진짜 효과적인 전략이 구체적인 상으로 떠오른다.

전략 포인트 1

10가지 전략의 장단점을 나눈다

전략론은 맹인이 코끼리를 만지는 것과 유사하여 '하나의 면'만 본다.

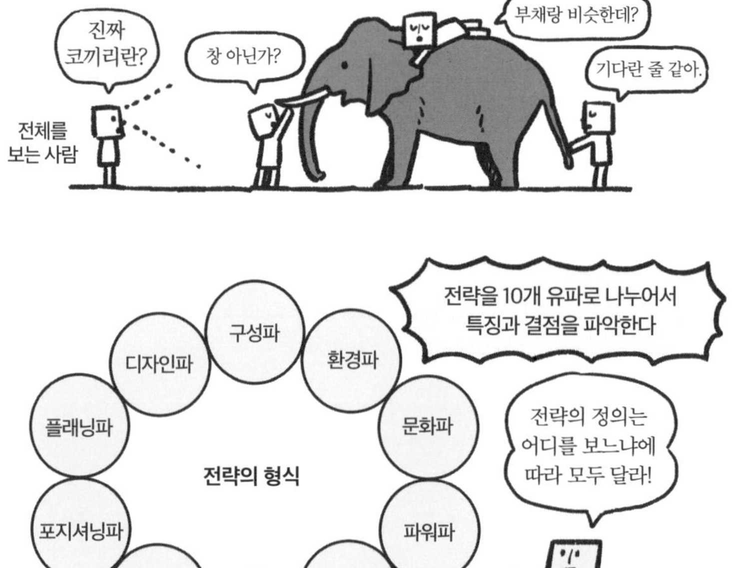
진짜 코끼리란?
전체를 보는 사람
창 아닌가?
부채랑 비슷한데?
기다란 줄 같아.
전략을 10개 유파로 나누어서 특징과 결점을 파악한다
구성파
환경파
문화파
파워파
배움파
인지파
기업파
포지셔닝파
플래닝파
디자인파
전략의 형식
전략의 정의는 어디를 보느냐에 따라 모두 달라!

실천

전략은 보는 관점에 따라 여러 유파로 나뉘는데 각 유파의 차이를 이해하면 더욱 효과적으로 사용할 수 있다.

전략 포인트 2

전략은 크게 '5가지 P'로 분류할 수 있다

전략을 크게 분류하면 '5가지 P'가 된다.

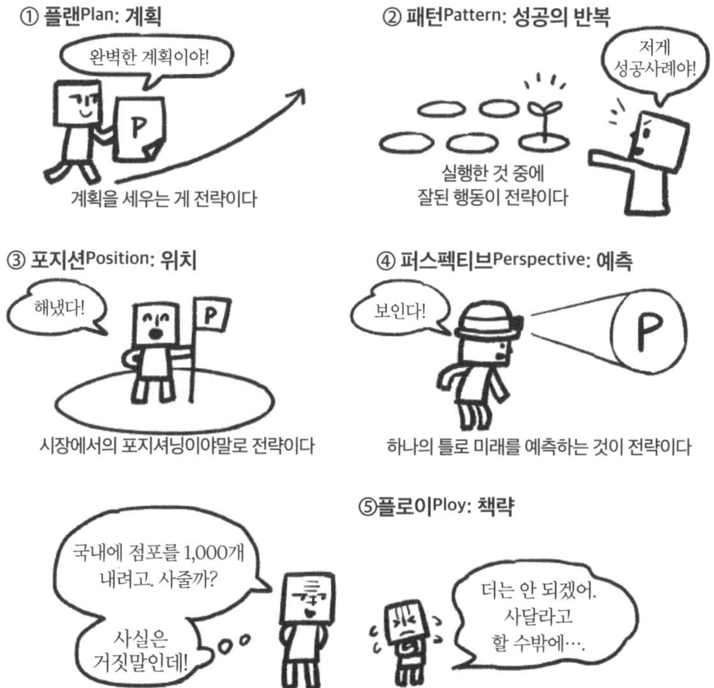
① 플랜Plan: 계획
완벽한 계획이야!
계획을 세우는 게 전략이다
② 패턴Pattern: 성공의 반복
저게 성공사례야!
실행한 것 중에 잘된 행동이 전략이다
③ 포지션Position: 위치
해냈다!
시장에서의 포지셔닝이야말로 전략이다
④ 퍼스펙티브Perspective: 예측
보인다!
하나의 틀로 미래를 예측하는 것이 전략이다
⑤플로이Ploy: 책략
국내에 점포를 1,000개 내려고. 사줄까?
사실은 거짓말인데!
더는 안 되겠어. 사달라고 할 수밖에….

계획할 수 있는 것과 시행착오 중에 만들어지는 것의 차이를 알아둘 것!

실천

전략 포인트 3

행동하지 않으면 진짜 전략은 부상하지 않는다

행동에서 뛰어난 전략을 도출해낸다.

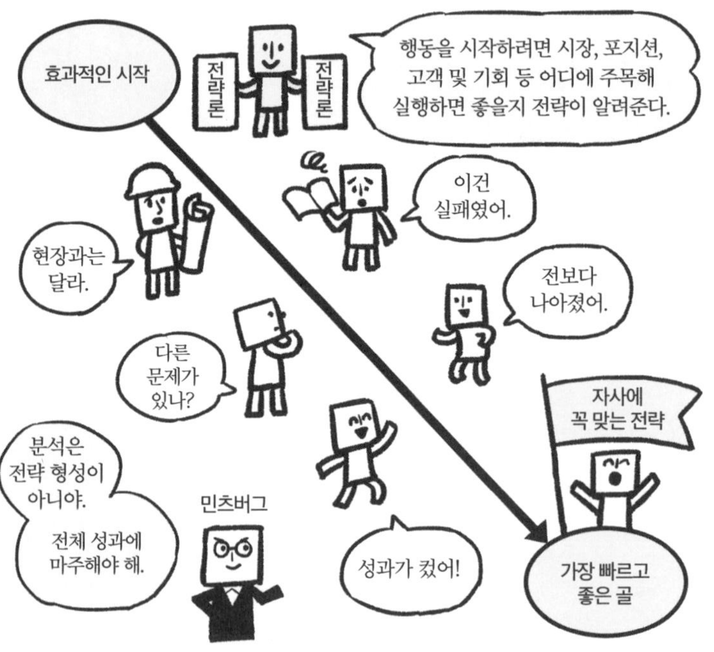
효과적인 시작
전략론
전략론
행동을 시작하려면 시장, 포지션, 고객 및 기회 등 어디에 주목해 실행하면 좋을지 전략이 알려준다.
이건 실패였어.
현장과는 달라.
전보다 나아졌어.
다른 문제가 있나?
자사에 꼭 맞는 전략
분석은 전략 형성이 아니야.
민츠버그
전체 성과에 마주해야 해.
성과가 컸어!
가장 빠르고 좋은 골

실천

전략은 행동을 시작할 때, 무엇에 주목하면 좋을지 알려준다. 반면 행동하면서 발견되는 전략도 있으니 집중하자!

에피소드

'성공의 발자취'를 좇아라!

19

유일무이한 전략은 없다

아~
하늘에서
돈이 쏟아지면
얼마나
좋을까?
머니 푸어
성공하고 싶은가?
예?!
전략을 사용하는 거야!
「성공한 발자취」를 따르는 거지.
후후후,
지름길이지.
누구신지?
성공한 사람에게는 「성공한 이유」가 있다.
SUCCESS
LOSE…
다만 그 공통점을 찾아내기란 지극히 어렵지.
카이사르
칭기즈칸
도쿠가와
이에야스
영웅은 모두
인질이
되었었지!
모든 일에는 「원인」과 「결과」가 있으니까
옳은 원인
성공
잘못된
원인
이거야!
원인을 제대로 파악하지 않으면…
성공하게…
할 수 있을까?
자네
뭐하나?
인질
역할이요.

전략

20

결과를 내지 못하는 것은 실행하는 리더가 없기 때문이다

경영은 '실행'

리더가 해야 할 가장 큰 일은 '실행'이다!

성립 과정

아무리 뛰어난 CEO라도 기업의 실적을 향상시키지 못하고 전락하기도 한다. 화려한 전략을 세우고 목표를 내세워도 실행에 옮기지 못한다면 의미 없기 때문이다. 수많은 기업과 다양한 경영 방법을 비교한 전문가 2명이 도달한 답이 '실행이야말로 경영'이었다.

생각한 사람

《실행에 집중하라》는 래리 보시디, 램 차란 외 3명이 공동 집필한 책이다. 시디는 미국 허니웰 인터내셔널 전 CEO이자 여러 일류 기업의 경영자로 활약하고 있고, 램 차란은 경영 어드바이저로서 미국의 저명한 기업 여러 곳을 지도하고 있다.

내용

《실행에 집중하라》는 3가지 코어 프로세스로 인재 프로세스, 전략 프로세스, 운영 프로세스를 소개한다.

고민

리더 대부분은 왜 원하는 결과를 얻지 못하는가?

해답

결과를 내려면 아이디어와 전략 및 목표를
형상화하기 위해 실행 프로세스를 세워
실행해야 한다.

전략 포인트

① '실행'은 성공에 불가결한 지적 요소이다

일반적으로 지적인 도전에는 팩트의 일부만 보는 경향이 있다. 그래서 지적인 도전에도 아이디어를 키우고 증명해야 하는 엄격한 면이 있다는 점을 종종 놓친다.

② 리더야말로 '실행' 속도를 올릴 수 있다

잭 웰치는 제너럴 일렉트릭에서 CEO로 20년간 근무했는데, 마지막 해에도 하루 10시간씩 일주일에 걸쳐 각 부문 사업계획을 검토했다. 의견 교환에는 적극적으로 참여했는데 은퇴할 시기가 가까워져도 관리를 게을리하지 않았다. 적극적으로 관여하고 인솔했다.

③ 인재·전략·운영 프로세스로 실행한다

3가지 프로세스는 실행에 관한 중요 사항을 결정해야 하는 부문이다. 실행력 있는 기업은 이들 프로세스를 엄밀하고 철저하게 탐구한다.

전략 포인트 1

'실행'은 성공에 불가결한 지적 요소이다

목표 달성에 필요한 2가지 지적 요소를 이해한다.

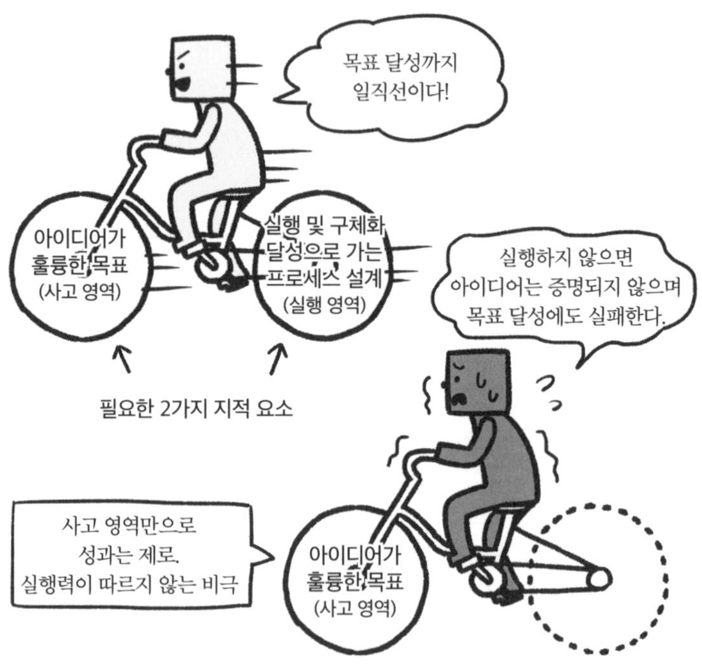
목표 달성까지
일직선이다!
아이디어가
훌륭한 목표
(사고 영역)
실행 및 구체화
달성으로 가는
프로세스 설계
(실행 영역)
실행하지 않으면
아이디어는 증명되지 않으며
목표 달성에도 실패한다.
필요한 2가지 지적 요소
사고 영역만으로
성과는 제로.
실행력이 따르지 않는 비극
아이디어가
훌륭한 목표
(사고 영역)

실천

그림의 떡은 먹지 못한다. 마찬가지로 인생도 비즈니스도 사고 영역만이 아니라 실행 영역에 충실해야 비로소 성공할 수 있다.

전략 포인트 2

리더야말로 '실행' 속도를 올릴 수 있다

20

리더가 할 일은 단순히 관리가 아니라 '인솔(실행 속도를 올리는 것)'하는 것이다.

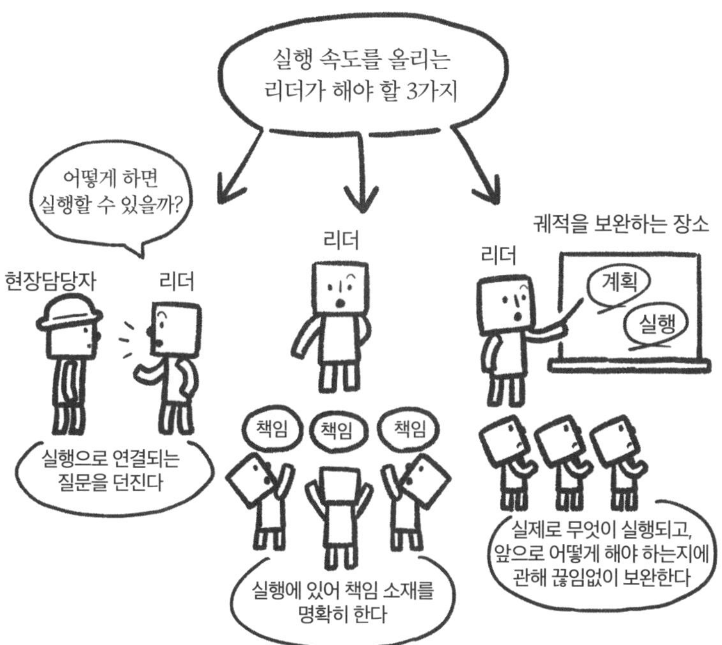
실행 속도를 올리는
리더가 해야 할 3가지
어떻게 하면
실행할 수 있을까?
현장담당자
리더
실행으로 연결되는
질문을 던진다
리더
책임
책임
책임
실행에 있어 책임 소재를
명확히 한다
궤적을 보완하는 장소
리더
계획
실행
실제로 무엇이 실행되고,
앞으로 어떻게 해야 하는지에
관해 끊임없이 보완한다

실천

당신이 리더라면, 늘 다음과 같이 자문해야 한다. "직원들이 실행 속도를 올릴 수 있도록 하려면 무엇을 해야 하는가?"

전략 포인트 3

인재·전략·운영 프로세스로 실행한다

성과를 올리려면 3가지 프로세스를 이해하고 주도해야 한다.

프로세스를 주도하기 위한 4가지 행동

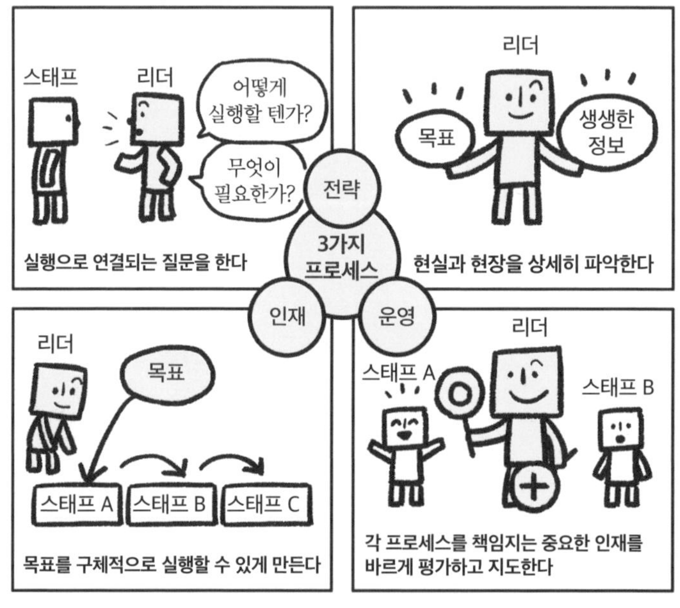
스태프
리더
어떻게 실행할 텐가?
무엇이 필요한가?
실행으로 연결되는 질문을 한다
리더
목표
생생한 정보
현실과 현장을 상세히 파악한다
전략
3가지 프로세스
인재
운영
리더
목표
스태프 A
스태프 B
스태프 C
목표를 구체적으로 실행할 수 있게 만든다
리더
스태프 A
스태프 B
각 프로세스를 책임지는 중요한 인재를 바르게 평가하고 지도한다

실천

리더는 조직 내에 '실행을 쉽게 만드는 구조'를 형성해야 하며, 확실한 실행력으로 조직의 성과를 돋보이게 해야 한다.

3가지 요소 개선으로 최대의 성과를!

하이 아웃풋 매니지먼트

전략 21

생각한 사람

《하이 아웃풋 매니지먼트》의 저자 앤드루 S. 그로브는 1936년 헝가리 출생으로 1956년에 미국으로 이주해 1998년부터 미국 인텔사 CEO로 세계적인 지명도를 쌓은 경영자이다. 일본기업의 메모리 공세에 대항하기 위해 과감하게 마이크로프로세서로 이행하여 성공을 이끌었다.

내용

《하이 아웃풋 매니지먼트》는 도입부와 전체 4부로 구성되어 있다. 2부 "관리는 팀게임이다", 3부 "팀으로 이루어진 팀의 관리" 등이 있다.

매니저의 일은
직원과 조직의
결과물을
최대한 끌어내는 것!

성립 과정

그로브는 인텔을 창업해 세계 일류 기업으로 키워냈다. 이때 경험을 바탕으로 회사 전체의 생산성을 최고로 만들려면 '기업에 소속된 사람은 모두 어떤 종류로든 생산 활동을 하고 있다.'라는 통찰을 내세워야 한다는 것을 깨달았다. 조직과 관리자, 직원이라는 세 요소로부터 성과를 최대한으로 만드는 매니지먼트를 좇는데, 특히 중간 관리자의 중요성과 역할을 강조한다.

고민

어떻게 하면 조직의 성과를 최대화할 수 있을까?

해답

직원의 최대능력을 최고조로 이끌어낸다

전략 포인트

① '지식 파워'와 '지위 파워'를 연결한다

우리는 비즈니스를 하는 데 있어서 지식 파워가 있는 사람들과 지위 파워가 있는 사람들을 연결해야 한다.

② 관리자는 '자기가 하는 일의 정의'를 알아야 한다

'관리자의 아웃풋'은 '조직의 아웃풋'과 '자신의 영향력이 미치는 인접제반조직의 아웃풋'의 합이다.

③ 직원의 능력을 '훈련'과 '동기부여'로 끌어낸다

직장을 경기장이라고 생각해보라. 직원은 능력의 한계에 도전하는 '운동선수'가 되는데, 이는 팀을 끊임없이 승리자로 이끄는 원동력이 된다.

전략 포인트 1

'지식 파워'와 '지위 파워'를 연결한다

21

적절한 조직구조를 추구하며 유지한다.

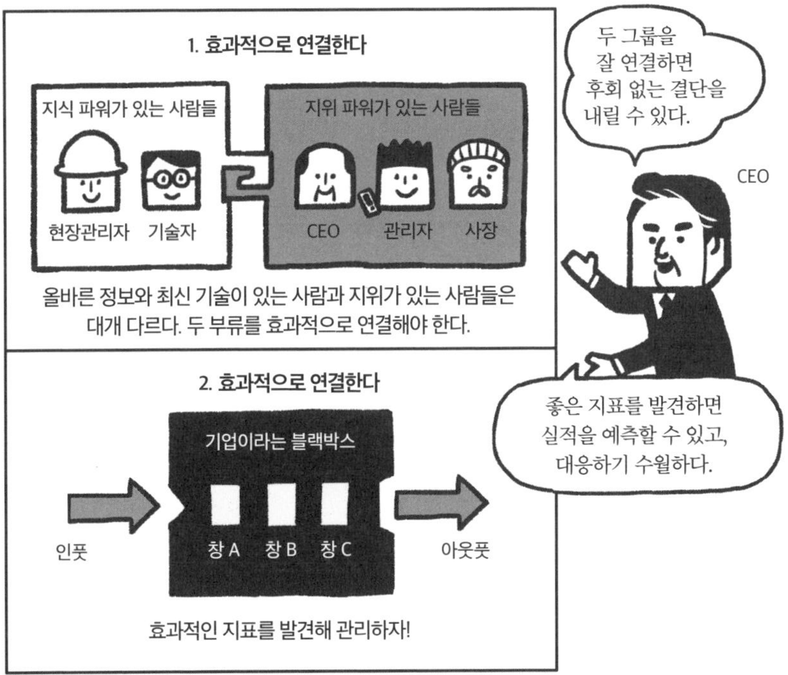
1. 효과적으로 연결한다
지식 파워가 있는 사람들
현장관리자
기술자
지위 파워가 있는 사람들
CEO
관리자
사장
올바른 정보와 최신 기술이 있는 사람과 지위가 있는 사람들은 대개 다르다. 두 부류를 효과적으로 연결해야 한다.
두 그룹을 잘 연결하면 후회 없는 결단을 내릴 수 있다.
CEO
2. 효과적으로 연결한다
기업이라는 블랙박스
창 A
창 B
창 C
인풋
아웃풋
효과적인 지표를 발견해 관리하자!
좋은 지표를 발견하면 실적을 예측할 수 있고, 대응하기 수월하다.

실천

조직 대부분은 지식 파워와 지위 파워가 있는 사람이 각기 다르다. 두 그룹을 효과적으로 연결할수록 좋은 성과를 낼 수 있다.

전략 포인트 2

관리자는 '자기가 하는 일의 정의'를 알아야 한다

관리자의 아웃풋 정의와 3가지 무기

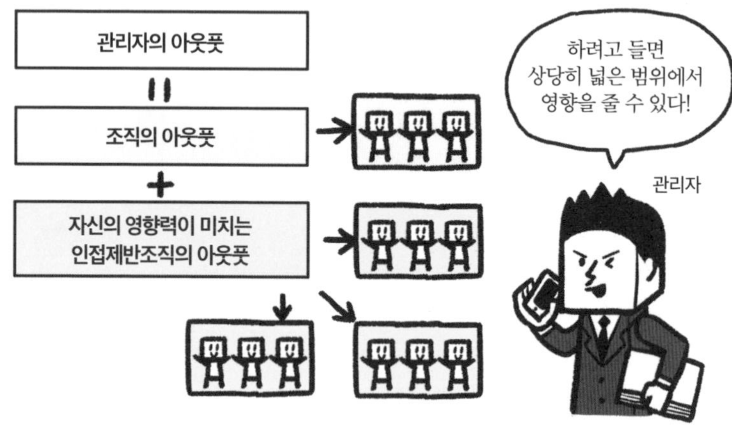
관리자의 아웃풋
=
조직의 아웃풋
+
자신의 영향력이 미치는 인접제반조직의 아웃풋
하려고 들면 상당히 넓은 범위에서 영향을 줄 수 있다!
관리자

관리자는 선한 영향력을 만들기 위해 효과적으로 정보를 수집하고 제공해야 한다

무기 ① 미팅	무기 ② 결단	무기 ③ 계획
정보와 노하우 제공, 문제 해결을 위한 대화	의사결정 방법이 효과적일수록 성과는 크다	내일의 아웃풋을 위해 오늘 할 행동을 간파한다

실천

관리자가 긍정적인 영향을 주는 범위가 넓을수록 업무 성과도 비례해 올라간다. 무기 3가지를 소화해 아웃풋을 높이자.

전략 포인트 3

직원의 능력을 '훈련'과 '동기부여'로 끌어낸다

21

직원들의 아웃풋을 최고로 만드는 2가지 관점

관리자가 실적을 높이려면 직원의 '훈련'과 '동기부여'가 중요

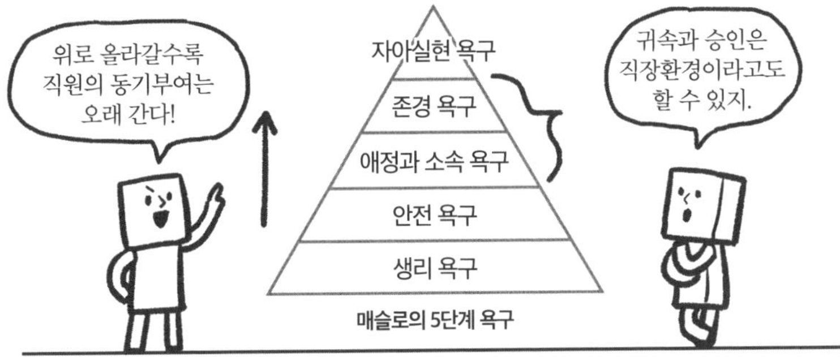
위로 올라갈수록
직원의 동기부여는
오래 간다!
자아실현 욕구
존경 욕구
애정과 소속 욕구
안전 욕구
생리 욕구
매슬로의 5단계 욕구
귀속과 승인은
직장환경이라고도
할 수 있지.

상대의 업무 숙련도에 따라 관리자의 대응은 다르다

직원 숙련도
낮음
지시를 자세하고
명확하게!
직원 숙련도
중간
대중적인 소통, 직원을 지지
직원 숙련도
높음
목표를 설정했으면
지켜보되 간섭하지 않는다
대응을 바르게 하자!

실천

동기부여 수준이 높아지면, 직원은 자율적으로 최고의 성과를 추구하게 된다. 단계를 올바르게 설계하여 직원을 지원한다.

전략 22

사람의 힘을 최대한 확보하는 조직으로 가는 길

틸 조직

'존재 목적'과 '일하는 기쁨'은 양립할 수 있다!

성립 과정

'현재(과거) 조직모델의 한계'라는 관점에서 논의가 시작된다. 비즈니스에서 보이는 전형적인 계층 구조적 조직, 사람의 자유성과 창조성을 억압하는 현재의 조직형태에서 탈피해 다수가 새로운 가능성인 '진화형 조직'을 손에 넣을 수 있도록 한다.

생각한 사람

프레데릭 라루는 프랑스 비즈니스 스쿨 인시아드에서 MBA를 취득한 후, 다국적 경영컨설팅 회사 맥킨지에서 15년간 근무했다. 이후 이그제큐티브 어드바이저로 독립, 저서인 《조직의 재창조》는 2018년에 35만 부 이상 팔린 베스트셀러가 되었다.

내용

《조직의 재창조》는 '조직을 재발명하다' 혹은 '새로운 조직을 고안하다'라는 뜻의 제목으로 총 3부로 구성되었다.

* 틸 조직Teal Organization: 조직과 인력에 혁신적인 변화를 일으키는 조직

고민

오래된 조직 체제를 바꿔 조직이 새로워져도
성과를 올릴 수 있을까?

해답

조직 구성원 모두가 찬성하는 '존재 의의'와
자주적 운영을 가능하게 하는 '조직 규칙'이
양립할 수 있다면 성과는 오른다.

전략 포인트

① 과거 조직형태에는 3가지 약점이 있다

선두에 도달하는 인생만이 성공이라고 한다면, 우리는 인생의 한가운데에서 허무함을 발견하게 된다.

② 3가지 욕구를 해방하는 '틸 조직'을 목표로 삼는다

틸 조직은 직원이 활기차게 일할 장소를 제공하고, 높은 급여를 제공하며, 매년 성장을 거듭해 이익률을 향상시킨다. 무엇보다도 자사의 품격 높은 자존 목적을 세계에 실현하기 위한 매개체가 된다.

③ 상사가 이기심을 버리면 직원은 열정을 발휘한다

휴가가 끝나면 중간관리자들은 목소리 높여 불만을 토로했다. "당근과 채찍을 거둔 지금, 우리에게 어떻게 노동자들을 통제하라는 것인가?" 그러나 팀을 셀프 매니지먼트한다면 해결할 수 있다.

전략 포인트 1

과거 조직형태에는 3가지 약점이 있다

과거 세 조직의 장단점을 파악한다

분류	장점	단점
순응형 조직 피라미드형 계층구조	• 질서 유지가 특기 • 견고한 피라미드 • 큰 조직일수록 안정적	• 역할 안에 사람을 가둠 • 귀속의식을 강조해 공포, 불안감을 조성
달성형 조직 목표는 경쟁에서의 승리	• 유효성 있는 추구 지향 • 목표란 곧 성공 • 기계에 비유되는 조직	• 성공을 위한 성공 • 출세만이 성공이 되는 허무 • 니즈를 꾸며낼 위험성
다원형 조직 문화와 권한 위양 존재 목적 공유	• 가치관을 중시 • 상향식 프로세스 선호 • 가족에 비유되는 조직	• 가족주의로 개인 억압 • 인간 중심으로 인한 갑갑함

(진화 → 진화)

각 조직과 구조에는 일장일단이 있구나!

사람의 발상이 진화하고 조직의 수준이 높아지는 점이 일치하네.

실천

틸 이전의 조직은 지배 등으로 말미암아 인간 욕구의 극히 일부분만 업무의 원동력이 되었다. 인간의 모든 에너지를 해방하여 최대의 성과를 올리자.

전략 포인트 2

3가지 욕구를 해방하는 '틸 조직'을 목표로 삼는다

22

틸 조직

진화형 조직의 리더들은 '생명체'나 '생물'과 같은 조직을 이상적으로 여긴다.

진화형 조직의 돌파구 셋

자주적 경영	전체성	존재 목적
조직이 거대해도 의사결정은 각 팀이 한다.	직장은 자신의 일부만을 드러내는 장소가 아니라 자신 그 자체여도 좋은 장소이다.	조직에도 생명과 방향감각이 있다.
↓	↓	↓
팀은 실질적으로, 구성원은 자주적으로 편성된 자치조직이다.	가족주의는 집단이라는 측면에서 개개의 성원을 부정하지만, 틸 조직은 있는 그대로의 모습을 보일 수 있는 장소가 된다.	선한 존재의 목적은 억압이 아닌 공감으로 사람을 움직이는 데 있다.

틸 조직은 사람, 조직, 사회의 3가지 욕구를 해방해서 에너지로 삼는다.

실천

사회에는 목표로 하는 지향점이 있고, 집단에는 고유의 욕구가 있으며 사람에게도 독자적인 생각이 있다. 이 3가지를 동시에 해방했을 때 힘을 최대로 끌어올릴 수 있다.

전략 포인트 3

상사가 이기심을 버리면 직원은 열정을 발휘한다

경영진이나 관리직의 이기심과 맞바꿔 얻는 힘은 최강이 된다.

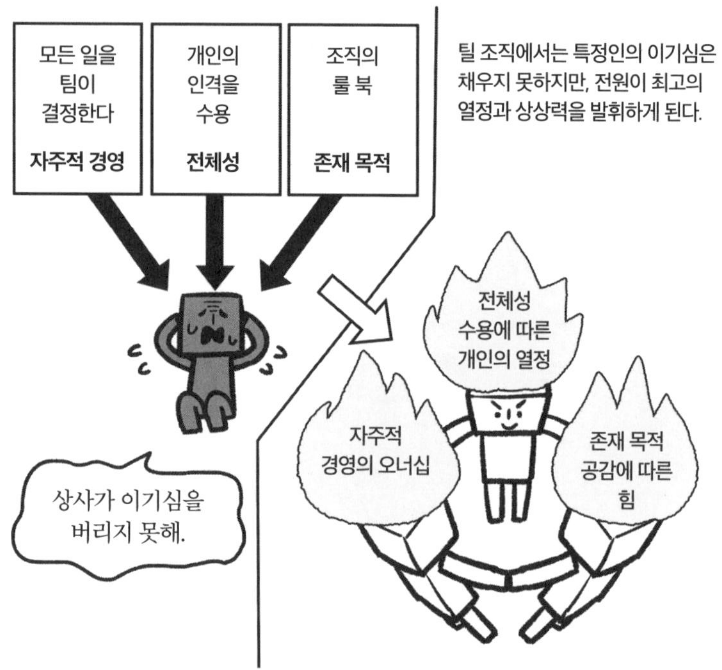

모든 일을 팀이 결정한다
자주적 경영
개인의 인격을 수용
전체성
조직의 룰 북
존재 목적
틸 조직에서는 특정인의 이기심은 채우지 못하지만, 전원이 최고의 열정과 상상력을 발휘하게 된다.
전체성 수용에 따른 개인의 열정
자주적 경영의 오너십
존재 목적 공감에 따른 힘
상사가 이기심을 버리지 못해.

실천

틸 조직에서 상사는 이기심을 부리지 못한다. 지배와 억압을 무기로 타인을 움직이게 하는 일과 틸 조직의 존재법은 정반대이기 때문이다.

중간관리자가
핵심인물이다!

6장

혁신 전략

시대는 변했는데 전략은 예전 그대로라면,
점점 교착상태에 빠진다.
상황에 따라 기존의 사고와 방법을
바꿔가야 한다.

큰 변혁을 불러일으킬 '혁신 전략'에 관해 논하자.

전략

23 지식창조기업

조직 밖에서의 체험으로 혁명을 일으키다

기업의 혁신은 지식창조 작법으로 실시된다!

성립 과정

1980년대까지는 세계적으로 일본기업의 약진이 눈에 띄었다. 당시 일본기업은 어떻게 히트상품을 연속해서 개발할 수 있었던 것일까? 혁신의 원인을 지식창조에 따라 해설했다.

생각한 사람

《지식창조기업》은 노나카 이쿠치로와 히로다카 다케우치의 공저로, 노나카는 히토츠바시대학 명예교수이자 지식경영 탄생의 아버지로서 세계적 지명도가 높다. 다케우치 역시 히토츠바시대학 명예교수로 하버드대학 경영대학원 교수, 기업의 사외이사 등을 역임했다.

내용

《지식창조기업》은 크게 세 부분으로 나눌 수 있다. 첫째 '지식과 경영'에 대한 고찰, 둘째 '조직적 지식창조의 이론과 실제', 셋째 '지식창조를 촉진하는 매니지먼트와 조직구조 분석'이다.

고민

일시적 붐을 뛰어넘어 연속적인 혁신을 일으키려면
어떻게 해야 할까?

해답

현실을 직시하고 체험에서 발상으로 비약할 것!
그리고 과거의 성공에서 벗어날 것!

전략 포인트

① 계획적으로 '조직 밖'을 체험하게 한다

일본기업의 연속적 혁신의 특징은 외부지식과의 제휴다.

② 옛날 지식에서 탈피하지 않으면 기업은 망한다

첫째, 비약할 방향을 제시하는 콘셉트를 창조할 것. 둘째, 체험을 선행하여 논의할 것. 셋째, 구체화를 촉진하는 상징적인 단어를 사용할 것.

③ 유추를 사용하여 반자동적으로 이미지를 확장한다

혼다에서는 "제품 콘셉트가 완성되면, 이미 절반은 끝난 것!"이라고 말한다.

전략 포인트 1

계획적으로 '조직 밖'을 체험하게 한다

새로운 성공 방정식을 발견하기 위해 조직 밖 현실을 '체험'하게 한다.

사내의 오래된 성공방법을 고집하는 내향적 조직

낡은 예전 지식

시대에 뒤쳐진 발상이다!

사외 현실을 직시하는 체험이 새로운 성공방법의 발견으로 이어진다

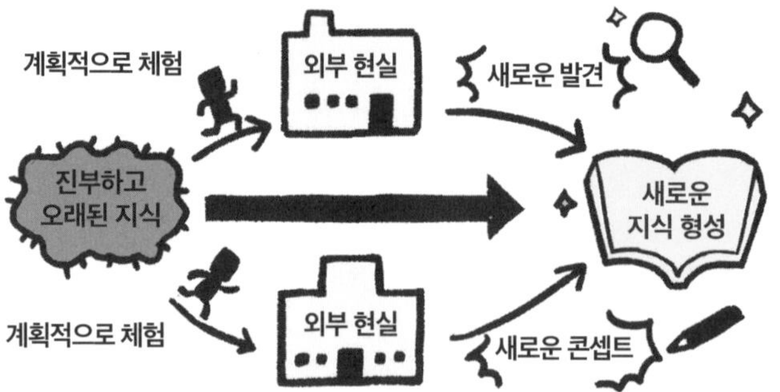

계획적으로 체험
외부 현실
새로운 발견
진부하고 오래된 지식
새로운 지식 형성
계획적으로 체험
외부 현실
새로운 콘셉트

실천

과거 성공한 조직은 대개 내향적이었다. 계획적으로 구성원에게 '회사 밖'을 체험시키면 새로운 성공법칙을 도입할 수 있다.

전략 포인트 2

옛날 지식에서 탈피하지 않으면 기업은 망한다

23

지식창조기업

예전 지식에서 탈피하는 데 효과적인 후크를 활용한다.

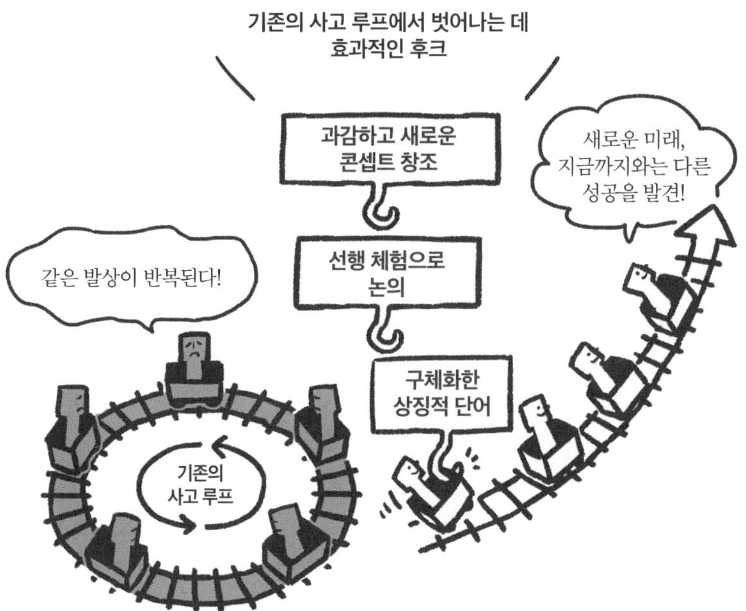

기존의 사고 루프에서 벗어나는 데
효과적인 후크
과감하고 새로운
콘셉트 창조
새로운 미래,
지금까지와는 다른
성공을 발견!
선행 체험으로
논의
같은 발상이 반복된다!
구체화한
상징적 단어
기존의
사고 루프

실천

옛 성공법에서 벗어나려고 하기보다 효과적인 후크 방식으로 논의하는 게 중요하다. 덕분에 자동으로 새로운 발상이 가능해진다.

전략 포인트 3

유추를 사용하여 반자동적으로 이미지를 확장한다

새로운 사고와 콘셉트 창조에는 은유와 유추가 효과적이다.

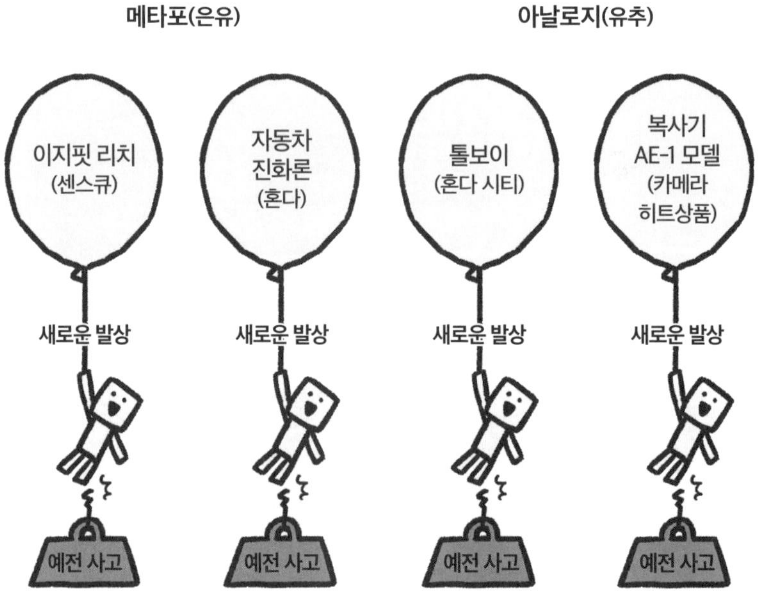

메타포(은유)
아날로지(유추)
이지핏 리치 (센스큐)
자동차 진화론 (혼다)
톨보이 (혼다 시티)
복사기 AE-1 모델 (카메라 히트상품)
새로운 발상
새로운 발상
새로운 발상
새로운 발상
예전 사고
예전 사고
예전 사고
예전 사고

사외 현실을 직시하는 체험이 새로운 성공방법의 발견으로 이어진다!

실천

어떤 메타포는 이미지를 크게 확장해준다. 대담한 콘셉트를 팀에 제시하여 발상을 비약해보자.

전략 24

성과는 '리더십'으로 좌우된다

피터 드러커

문제가 아니라
기회에 자원을
투입해야 한다!

생각한 사람

피터 드러커는 저명한 경영철학자로 미국 클레어몬트 대학원에서 오랜 시간 교수로 근무했다. 관리를 중심으로 방대한 저서를 세상에 남겼다.

내용

《창조하는 경영자》는 총 4장으로 구성되어 있다. 1장 "기업, 결과 영역의 이해", 2장 "지식근로자와 경영의 실제", 3장 "가능성과 강점으로 여는 미래", 4장 "효과적 의사결정과 성과 관리"이다. 이익을 얻는 행동과 비용이 되는 행동을 분류하여 무엇을 실시하고, 그만둘지에 대해서 날카롭게 분석한다.

성립 과정

《창조하는 경영자》의 서문을 살펴보면, "사업전략에 관한 세계 최초의 책"이라고 쓰여 있다. 기업이 경제적 성과를 올리기 위해 무엇을 해야 하는지 분석하여 제시한다.

고민

성과를 올리기 위해
무엇을 시작하고 무엇을 그만둬야 하는가?

해답

성과를 가져다주는 영역, 비용 구조 분석,
마케팅 분석, 지식 분석으로 방향을 정한다.

전략 포인트

① 네 방향에서 자사를 분석하여 이해한다

4가지 분석을 토대로 기업 경영은 자사를 이해하고 진단하며 방향설정이 가능해진다.

② 업계에서 리더십을 획득한다

성과는 유능함이 아니라, 시장에서의 리더십에 좌우된다. 시장 점유율에 따라 리더십을 판단하는 통상적인 방법은 잘못됐다. 최대의 시장 점유율을 자랑하면서도 경쟁 상대보다 이익률이 훨씬 낮은 사례가 많다.

③ 이념으로 삼은 기업, 인재, 기회가 사업을 성공으로 이끈다

끝없는 과제를 관리 가능한 규모로 줄이는 작업이 필요하다. 특히 희소자원은 최대의 기회와 최고의 성과에 집중해야 한다.

전략 포인트 1

24

피터 드러커

네 방향에서 자사를 분석하여 이해한다

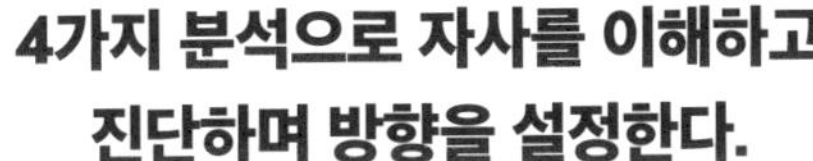

4가지 분석으로 자사를 이해하고 진단하며 방향을 설정한다.

자사에 대한 이해를 돕는 '4가지 분석'

¥

① 성과 분석
- 이익이 되는 활동에 자원을 활용하고 있는가?

② 비용 구조 분석
- 비용 관리의 원칙: 최대 비용, 유형별 관리, 활동 중단

어느 분석부터
시작할까?

③ 마케팅 분석
- 판매자에게는 불합리하게 보여도 고객은 합리적으로 행동하고 있다

④ 지식 분석
- 우리 회사가 제일 잘하는 게 뭘까?
- 성과 있는 영역에 지식을 집중하고 있는가?

성과를 만드는 행동에 집중하고 있는지 정기적으로 확인해야 한다.

실천

전략 포인트 2

업계에서 리더십을 획득한다

**이익을 창출하는 것은
시장 점유율이 아니라 리더십이다.**

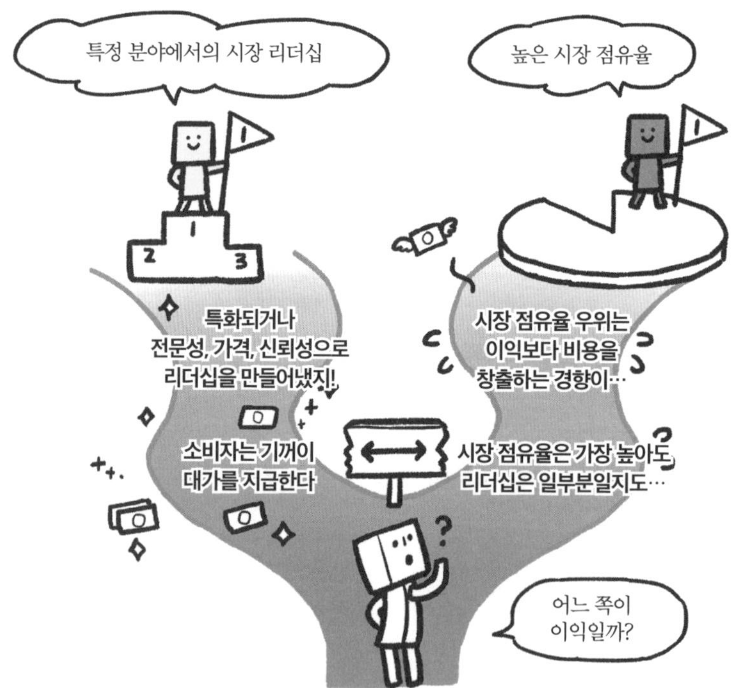
특정 분야에서의 시장 리더십
높은 시장 점유율
특화되거나
전문성, 가격, 신뢰성으로
리더십을 만들어냈지!
시장 점유율 우위는
이익보다 비용을
창출하는 경향이…
소비자는 기꺼이
대가를 지급한다
시장 점유율은 가장 높아도
리더십은 일부분일지도…
어느 쪽이
이익일까?

실천

시장 점유율을 목표로 삼으면 경영 초점을 맞추기가 힘들어진다.

전략 포인트 3

이념으로 삼은 기업, 인재, 기회가 사업을 성공으로 이끈다

24

피터 드러커

사업을 성공시키기 위한 3가지 접근법

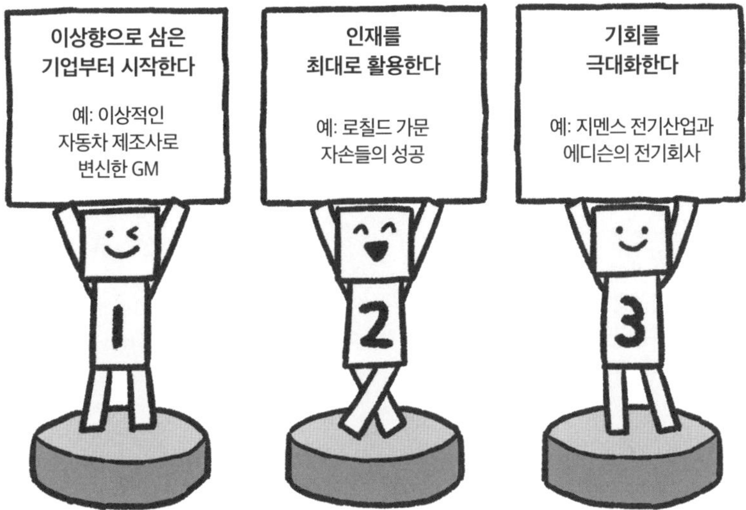
이상향으로 삼은
기업부터 시작한다
예: 이상적인
자동차 제조사로
변신한 GM
인재를
최대로 활용한다
예: 로칠드 가문
자손들의 성공
기회를
극대화한다
예: 지멘스 전기산업과
에디슨의 전기회사
1
2
3

여러 대책 중에서 소개한 3가지 방법의 성공률이 가장 높다

실천

소개한 계획들은 사업 성공의 기본적인 접근법이며, 실제로 성공사례가 많은 선택이다.

전략
25

'추락하는 기업'과 '다음 도약을 기대하는 기업'의 갈림길

혁신으로 향하는 길

대기업도
파괴적 혁신이
가능하다!

성립 과정

아마존의 창업자 제프 베이조스에게도 큰 영향을 준 크리스텐슨의 저서 《혁신기업의 딜레마》에서는 파괴적 혁신이 우량기업까지 추락시킨다고 지적한다. 속편인 이 책에서는 어떻게 하면 파괴적 혁신을 실행하고 창조할 수 있는지를 분석하고 해설한다.

생각한 사람

《성장과 혁신》은 클레이튼 크리스텐슨과 마이클 레이너의 공저로, 크리스텐슨은 하버드 경영대학원의 교수로 세계적 베스트셀러 《혁신기업의 딜레마》의 저자이기도 하다.

내용

전 10장 구성으로, 1장 "기업의 영원한 과제: 성장", 2장 "경쟁: 신성장의 묘약-파괴적 혁신", 3장 "시장: 니즈가 아니라 행동에 주목하라", 4장 "고객: 소비하지 않는 고객에게 눈을 돌려라", 5장 "생산: '현재'가 아닌 '미래'의 역량에 집중하라" 등이다.

고민

왜 대기업이나 우량기업일수록 파괴적 혁신이 어려울까?

해답

기존 고객이 있는 상위 시장에 머무르지 말고,
대중 지향적이면서 새로운 시장을 찾아라!

전략 포인트

① 기업의 오래된 사고체계가 혁신을 방해한다

중간관리직은 신뢰성 있는 데이터를 바탕으로 각각의 아이디어가 대상이 되는 시장에 대해서 규모와 잠재성장력을 증명하도록 제도적으로 요구받는다.

② 파괴적 혁신이 시장의 기폭제가 된다

파괴적 혁신은 기존 시장과 고객들에게 더욱 좋은 상품을 제공하려는 시도가 아니여서 신규진입 기업에 압도적으로 승산이 높다.

③ 승리의 열쇠는 새로운 고객을 끌어들이는 힘이다

고객은 자신의 용무에 필요한 제품이나 서비스가 없는지 찾아 헤맨다. 그들에게 주어진 환경에 가장 가까이 접근한 기업이야말로 성공적인 제품을 만들 수 있다.

전략 포인트 1

기업의 오래된 사고체계가 혁신을 방해한다

기업의 오랜 사고체계는 파괴적 혁신을 방해한다.

대기업의 사내 선별 프로세스의 압력

전례는?
시장규모는?
기존 고객에게 팔릴까?
모방적인 혁신에
발목이 잡힐지도!

업계 리더가 빠지는 함정(비대칭적 동기부여)

진입이 수월하고
기회가 있어!
새로운 시장은
흥미롭지
않아
대기업
상위 시장,
하이엔드 제품,
높은 이익
막다른 벽
벤처
파괴자가 바라는
새로운 시장
파괴자가 선호하는
로엔드 시장
기회다!
로엔드에서 역전 시도!
벤처
기회다!
로엔드에서 역전 시도!

실천

하이엔드 시장으로 이동하는 전략은 한계에 부딪힐 가능성이 있다. 새로운 시장과 로엔드 시장에도 주목해야 한다.

전략 포인트 2

파괴적 혁신이 시장의 기폭제가 된다

25

성장사업으로 가는 '3가지 접근법'이 있다.

지속적 혁신	로엔드형 파괴적 혁신	신시장형 파괴적 혁신
요구가 엄격한 고객의 니즈에 발맞춰 성능을 향상	시장의 로엔드에서 충분히 만족할 만한 성능	종래에는 가격이나 기술을 이유로 구매하지 않던 사람들을 위한 시장

상위 시장은 매력적이나 한계에 부딪힐 가능성이 있다!

파괴적 혁신에는 장기적으로 시장을 격변시킬 잠재력이 있어!

로엔드 시장은 판매가 증가하면 성능이 향상되며 시장 전체를 삼킬 수 있는 혁신이 가능해진다.

실천

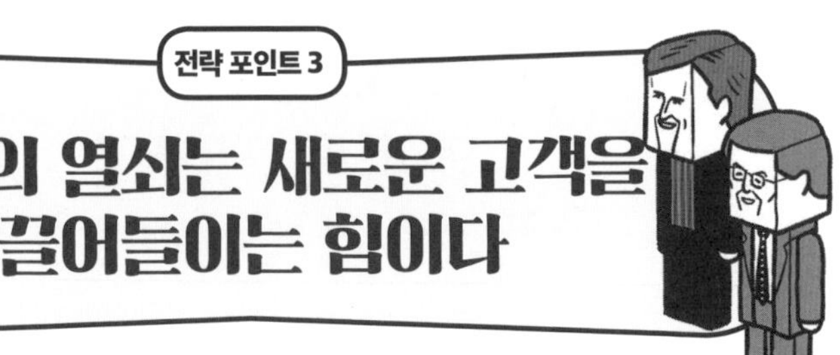
전략 포인트 3

승리의 열쇠는 새로운 고객을 끌어들이는 힘이다

고객의 귀찮은 일에 주목하라!

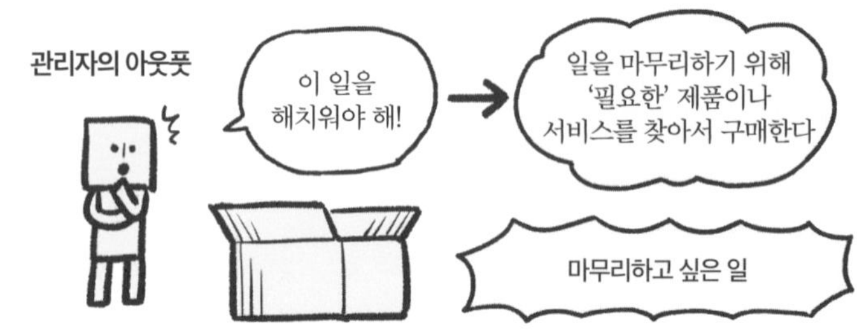
관리자의 아웃풋
이 일을 해치워야 해!
일을 마무리하기 위해 '필요한' 제품이나 서비스를 찾아서 구매한다
마무리하고 싶은 일

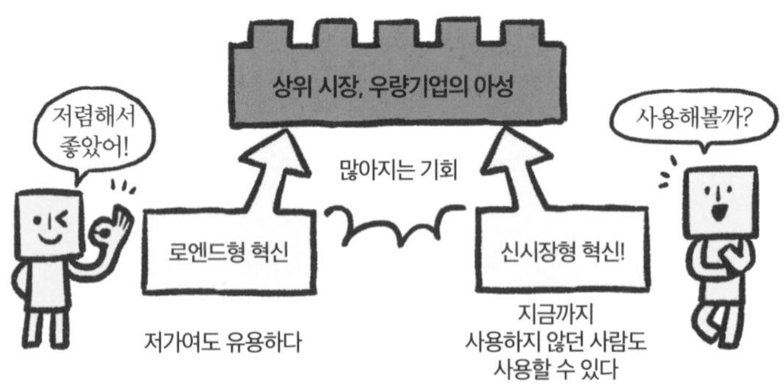
상위 시장, 우량기업의 아성
저렴해서 좋았어!
사용해볼까?
많아지는 기회
로엔드형 혁신
신시장형 혁신!
저가여도 유용하다
지금까지 사용하지 않던 사람도 사용할 수 있다

실천

사람들은 특정 제품을 구매하고 싶은 게 아니라 귀찮은 용무를 대신해줄 제품이나 서비스를 찾는다.

에피소드

아이디어 1,000개 노트

우리가 잘 아는 혁신가라고 한다면…
「괴짜 경영자」로 유명했던 스티브 잡스
메롱~
수정은 내일까지
농담인 줄 아나? 내일까지다!
내일?!
아이디어 1,000개 노트
1,000가지 일에 "아니!"라고 말할 줄 알아야 혁신가지!
후덜덜…!
아름답고 기능적인 애플 제품을 차례로 개발했던 잡스
MacBook
iPad
iPhone
그는 다양한 업계의 관행을 컴퓨터 업계에 도입했다!
그야말로 이노베이션!!
영화업계
하이브랜드 패션
음악을 온라인에서 서비스
직판체제, 아름다운 제품, 점포 설계
다른 업계에서 아이디어를 도입하면 될까요?
쉽잖아!
완전히 달라!
천재 구역
일반인 구역
잠깐!
범인과 천재 전략가를 구분하는 건 놀랍게도 용기와 대범함의 차이다!
진짜 천재다!
나폴레옹의 명언: 최악의 방법은 비겁한 방법이다!
나폴레옹이다!
실례합니다.

전략 26

독점적 포지션이야말로 이익의 원천이다

제로 투 원

작은 시장을
계획적으로 노려,
독점적으로 이익 획득!

성립 과정

《제로 투 원》은 피터 틸과 블레이크 매스터스의 공저서로, 틸이 스탠퍼드대학교에서 한 기업 수업을 바탕으로 집필되었다. 종래의 기업 업무 외에 큰 가능성이 있다는 것을 학생에게 전달한 내용으로 직접 수정하여 이 책이 완성되었다.

생각한 사람

피터 틸은 1998년 결제서비스 페이팔을 창업한 뒤, 2002년 15억 달러를 받고 이베이에 매각했다. 투자가로서도 유명한 그는 페이스북 첫 외부 투자자가 되는 등, 선진적인 스타트업에 투자하고 있다.

내용

《제로 투 원》은 14장으로 구성되어 있다. 1장 "미래를 향해 도전하라", 4장 "경쟁 이데올로기", 5장 "라스트 무버 어드밴티지", 10장 "마피아를 만들어라", 14장 "창업자의 역설" 등에 관해 이야기한다.

고민

무수히 많은 스타트업 중에 왜 극히 일부만
성공을 거머쥐는가?

해답

작은 시장을 목표로 '독점'하여
성공한 후에 확대한다!

전략 포인트

① '독점'이야말로 이익을 만들어낸다

장기적으로 이익을 내는 기업은 존재하지 않는다. 영속적인 가치를 창조하려면 차별화 없는 원자재 사업을 해서는 안 된다.

② 독점기업이 되려면 4가지 특징을 갖춰야 한다

독점적 기술, 네트워크 효과, 규모의 경제가 작용하는 시스템, 탁월한 브랜딩의 특징을 갖춰야 한다.

③ 독점한 후에도 '확대'는 기본이다

당신이 첫 진입자여도 경쟁자가 나타나 그 자리를 뺏는다면 의미가 없다. 특정 시장에서 후발주자로 크게 발전하여 몇십 년간 독점이익을 향유하는 것이 좋다.

전략 포인트 1

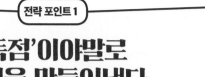

'독점'이야말로 이익을 만들어낸다

이익은 경쟁이 아니라 독점에서 만들어진다.

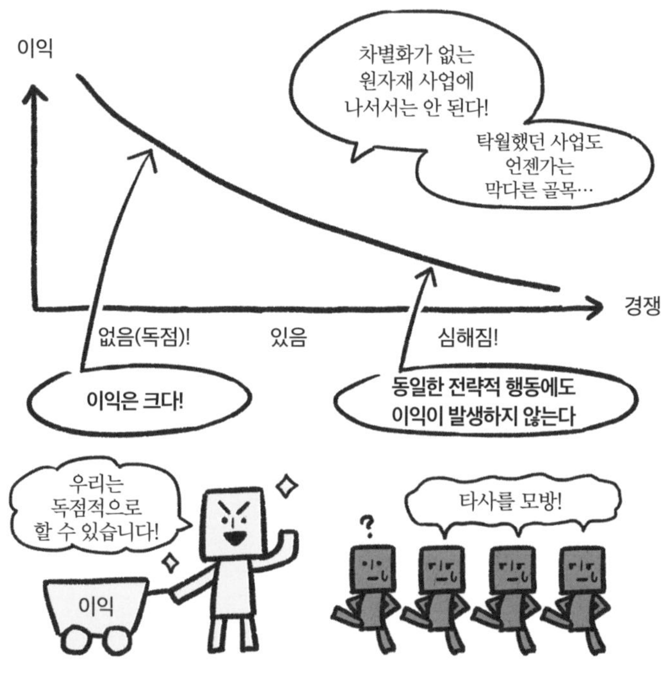

이익
차별화가 없는 원자재 사업에 나서서는 안 된다!
탁월했던 사업도 언제가는 막다른 골목…
경쟁
없음(독점)!
있음
심해짐!
이익은 크다!
동일한 전략적 행동에도 이익이 발생하지 않는다
우리는 독점적으로 할 수 있습니다!
타사를 모방!
?
이익

실천

누구나 할 수 있는 비즈니스를 시작해서는 안 된다. 이익은 항상 독점적 위치에서 창출되기 때문이다.

전략 포인트 2

독점기업이 되려면 4가지 특징을 갖춰야 한다

26

제로 투 원

독점기업의 4가지 특징을 기억하자.

독점기업

1. 독점적 기술
공개되지 않은 중요한 기술이 있고, 우위성이 탄탄하다

2. 네트워크 효과
이용자가 증가할수록 편리성도 향상된다

3. 규모의 경제
규모가 커질수록 고정비 비율이 낮아지는 구조

4. 브랜드 인지
독점으로 가는 확실한 수단이 된다

가치 있는 기업이 되려면 성장뿐 아니라 살아남는 것 또한 중요하다.

실천

효과적인 독점을 실현하는 기업에는 기본적으로 4가지 특징이 있다. 이는 높은 이익과 성장을 양립하는 기초가 된다.

전략 포인트 3

독점한 후에도 '확대'는 기본이다

성장을 위해 우선은 작게 시작한 후 점차 독점하라.

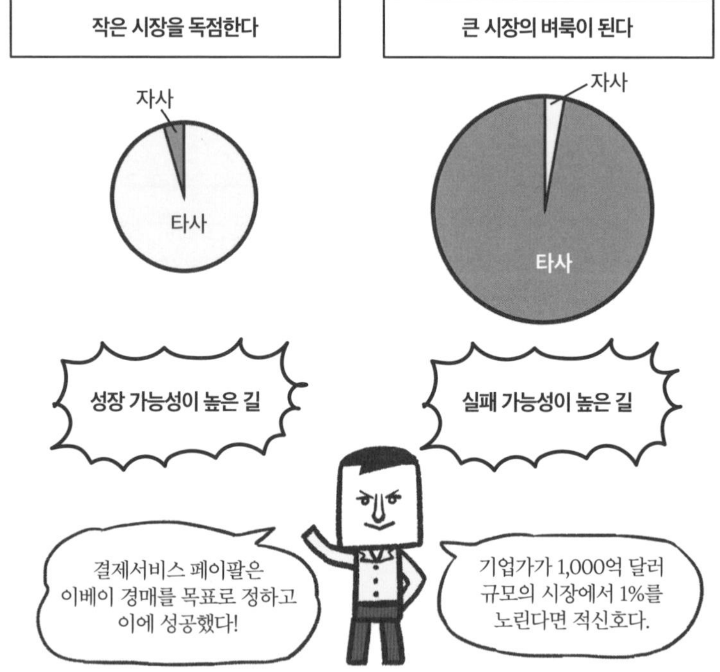
작은 시장을 독점한다
자사
타사
큰 시장의 벼룩이 된다
자사
타사
성장 가능성이 높은 길
실패 가능성이 높은 길
결제서비스 페이팔은 이베이 경매를 목표로 정하고 이에 성공했다!
기업가가 1,000억 달러 규모의 시장에서 1%를 노린다면 적신호다.

실천

어떤 기업이든 처음부터 거대시장을 독점하지는 못한다. 작은 시장을 목표로 정하고 독점한 다음, 점차 포지션을 확대해가는 것이 좋다.

혁신을 일으켜
시장의 판도를 바꿔라!

7장

IT시대 전략

기술의 발전으로
힘 있는 자의 모습이 변화하고 있다.

새로운 시대의 '최신 전략'에 대해 알아보자.

전략 27

'심화'와 '탐색'을 동시에

양손잡이 경영

'심화'와 '탐색'을 동시에 실행하라!

생각한 사람

《선두와 방해》는 찰스 오라일리와 마이클 투시먼의 공저로, 오라일리는 스탠퍼드대학교 경영대학원 교수, 투시먼은 하버드 경영대학원 교수로, 두 사람 모두 실제 비즈니스 컨설팅 경험이 풍부하다.

성립 과정

오라일리의 "성공한 사업이 변혁하기란 어째서 힘든가?"라는 질문에 대한 대답이 이 책으로 완성되었다. 변화에 직면한 리더가 해야 할 행동을 여러 사례와 통찰을 통해 보여준다.

내용

《선두와 방해》는 크게 3부으로 나뉜다. 1부에서는 "오늘날의 혁신 퍼즐", 2부에서는 "혁신기업의 딜레마를 해결하는 방법", 3부에서는 "양손잡이가 되기 위해 필요한 것"을 주제로 이야기한다.

고민

기존 조직이 다음 세대의 변화를 수용할 수 있을까?

해답

기존 조직 자원을 '심화'하며 새로운 사업을
탐색한다면 실현 가능하다!

전략 포인트

① 과거의 사고에 사로잡히면 패자가 된다

넷플릭스가 블록버스터라는 거대한 경쟁자를 물리치고 변화에 성공할 수 있었던 이유에 대해 생각해야 한다.

② 사내벤처라면 대기업 자원을 활용하라

양손잡이 경영의 우위성은 경쟁 타사가 지니지 못했거나 새로 개발해야 하는 자원과 조직능력을 사용한다면 유리하게 출발할 수 있다는 데 있다.

③ 리더 한 사람의 노력이 아니라 '기업문화의 힘'이다

첫째, 탐색유닛으로 거대조직의 자산을 활용할 수 있었고 그것이 경쟁 우위로 이어졌다. 둘째, 신규 사업과 성숙 사업 사이의 인터페이스를 관리하여 앞으로 일어날 대립을 해결한다. 셋째, 탐색유닛을 거대조직에서 분리한다. 약점은 그 성과가 속인적(인간관계 요소를 중심으로 한-옮긴이) 노력의 산물인 것이다.

전략 포인트 1

과거의 사고에 사로잡히면 패자가 된다

승승가도를 달리는 기업이 함정에 빠진다.

지금까지 쌓아온 게
가장 중요하다!
가장 잘하는 일이니까!
몇 년 뒤에
그 시장은
사라질지도?
가까운 미래에
중요성이
사라지는 게임
성공한 대기업
쇠퇴시장에서의
비즈니스
신기술과
새로운 시장
과거의 기술과
오래된 우위성
손에 들고 있는
신기술과
새로운 기회를
활용하지 그래?

성공했던 경험을 손에서 놓지 못하는 기업은 낡은 사고에 사로잡혀 성장 기회를 놓친다.

실천

성공한 기업은 과거의 영광으로 기존의 비즈니스에 집착한다. 기회가 있는데도 결과적으로 쇠퇴하고 만다.

전략 포인트 2

사내벤처라면 대기업 자원을 활용하라

27

양손잡이 경영

양손잡이 경영의 진짜 우위성은 기존 자원을 얼마나 활용하는지에 달렸다.

잘못된 양손잡이

어? 대기업에 자원이 없다면 그저 빈껍데기에 불과하잖아.
전혀 두렵지 않아.
나 혼자밖에 없네. 어쩌지?
자네 나름대로 해보면 어때?
영업력
영업력
영업력
다른 벤처
사내벤처
대기업
거대한 자원

올바른 양손잡이

새로운 기회에 자사 자원을 최대한 사용하기 위해 조정해봅시다.
영업력
영업력
영업력
헉! 거대기업의 힘이 있는 벤처다!
도망가지 않으면 당할지도!
대기업
거대한 자원
사내벤처
다른 벤처

실천

양손잡이 경영은 심화와 탐색을 양립시키는 일이지만, 진정한 우위성은 대기업의 자원을 신규 사업에 최대한 활용하는 데 있다.

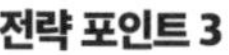
전략 포인트 3

리더 한 사람의 노력이 아니라 '기업문화의 힘'이다

양손잡이 경영의 '강점 3가지'와 '약점 1가지'

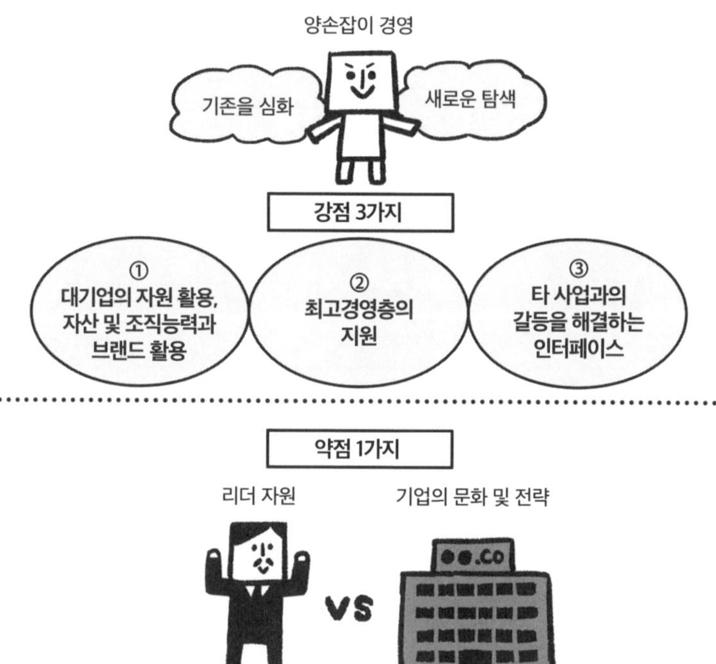
양손잡이 경영
기존을 심화
새로운 탐색
강점 3가지
① 대기업의 자원 활용, 자산 및 조직능력과 브랜드 활용
② 최고경영층의 지원
③ 타 사업과의 갈등을 해결하는 인터페이스
약점 1가지
리더 자원
기업의 문화 및 전략
VS
○○.CO

양손잡이 경영은 리더 개인의 능력으로 치부되기 쉽다

실천

양손잡이 경영은 사내 자원을 전략적으로 조정하는 것으로, 리더 개인의 자질로 여겨져서는 안 된다.

전략 28

과거의 비즈니스 모델을 능가하는 힘을 가속하라

플랫폼 혁명

새로운
성장력과 파괴력을
발견하라!

생각한 사람

《플랫폼 레볼루션》은 미국 MIT의 연구자 3명(마셜 밴 앨스타인, 상지트 폴 초더리, 제프리 파커)이 집필했다. 상지트는 MIT 플랫폼 전략 그룹의 공동 의장이며 나머지 2명은 MIT 디지털 이코노미 이니셔티브 객원 연구원이다.

내용

전체 12장 구성으로, 이 분야의 최첨단 연구자의 지식을 한 권의 책에 담아냈다.

성립 과정

이 책은 기존의 비즈니스를 능가하는 파괴력을 지닌 플랫폼의 성장성을 다루고 있으며 구조부터 상세히 설명한다. 또한 플랫폼 비즈니스를 가속화한 요인, 경쟁 상태에서의 대책 등, 전략적이며 실천적인 요소가 많다.

고민

종래의 비즈니스를 훨씬 뛰어넘어 성장하고 싶다!

해답

플랫폼 비즈니스에는 성장을 발목 잡는 요소가 없으므로 폭발적으로 성장할 수 있다.

전략 포인트

① '4가지 형태'로 가치를 만들어라

플랫폼은 게이트키퍼를 배제하고, 더욱 효율적으로 대규모화할 수 있기 때문에 하이브랜드를 따돌릴 수 있다. 이용하지 않던 잠재적 공급력을 공급재로 해방하여 최대한 도움이 되도록 활용한다.

② 성장을 급가속하는 '상승효과 2가지'에 집중하라

우버의 경우 시장의 2가지 측면이 있다. 즉, 이용자가 운전기사를 끌어들이는 동시에 운전기사가 이용자를 끌어들인다.

③ 플랫폼 영향으로 산업 파괴는 계속된다

저자들은 플랫폼에 의한 산업 파괴를 연구하면서 가장 많은 영향을 받은 산업의 특징을 분석하기 시작했다(정보집약형 산업, 비확장적 게이트키퍼를 안고 있는 산업, 매우 분산된 산업, 과도하게 정보의 비대칭성이 보이는 산업).

전략 포인트 1

'4가지 형태'로 가치를 만들어라

28

플랫폼 혁명

플랫폼이 만들어내는 가치는 4가지 형태로 잠재적인 공급력이 실제 공급원이 된다.

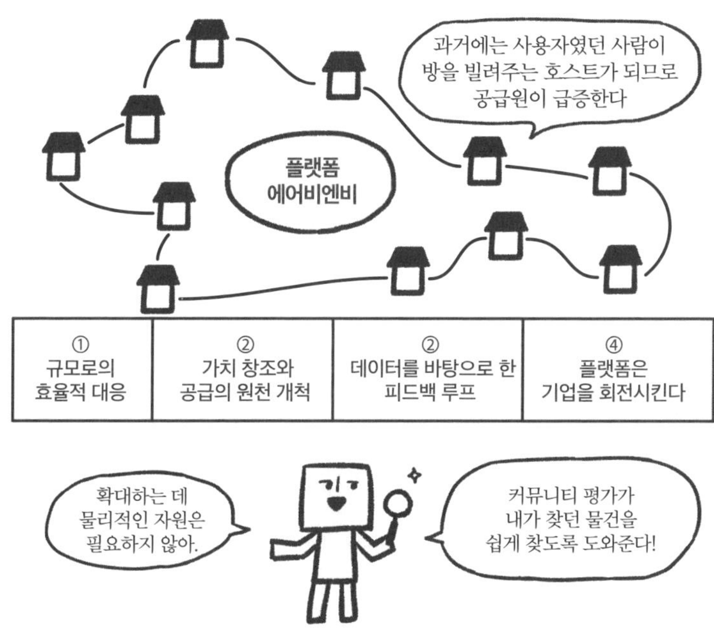
과거에는 사용자였던 사람이 방을 빌려주는 호스트가 되므로 공급원이 급증한다
플랫폼 에어비앤비
① 규모로의 효율적 대응
② 가치 창조와 공급의 원천 개척
② 데이터를 바탕으로 한 피드백 루프
④ 플랫폼은 기업을 회전시킨다
확대하는 데 물리적인 자원은 필요하지 않아.
커뮤니티 평가가 내가 찾던 물건을 쉽게 찾도록 도와준다!

플랫폼은 참가자를 늘리기 때문에 자본이 필요 없다는 이점이 있다.

실천

전략 포인트 2

성장을 급가속하는 '상승효과 2가지'에 집중하라

'투 사이드 네트워크 효과'에 의한 가속이 가속을 낳는다.

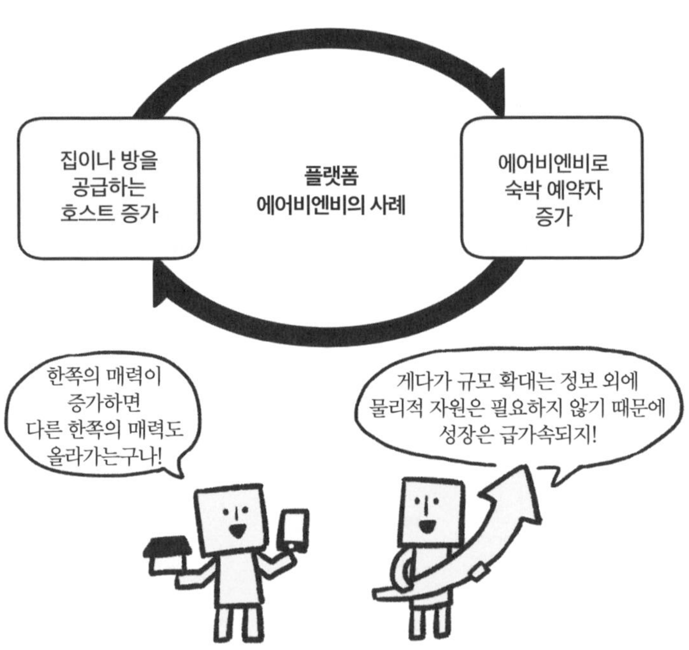

가속이 가속을 낳는다
집이나 방을 공급하는 호스트 증가
플랫폼 에어비엔비의 사례
에어비엔비로 숙박 예약자 증가
한쪽의 매력이 증가하면 다른 한쪽의 매력도 올라가는구나!
게다가 규모 확대는 정보 외에 물리적 자원은 필요하지 않기 때문에 성장은 급가속되지!

실천

플랫폼 이용자가 증가하면 출품자도 증가하는 선순환이 만들어진다. 이것을 '투 사이드 네트워크 효과'라고 부른다.

전략 포인트 3

28 플랫폼 영향으로 산업 파괴는 계속된다

플랫폼에 의한 차기 산업 파괴의 파도가 밀려올 가능성이 높다.

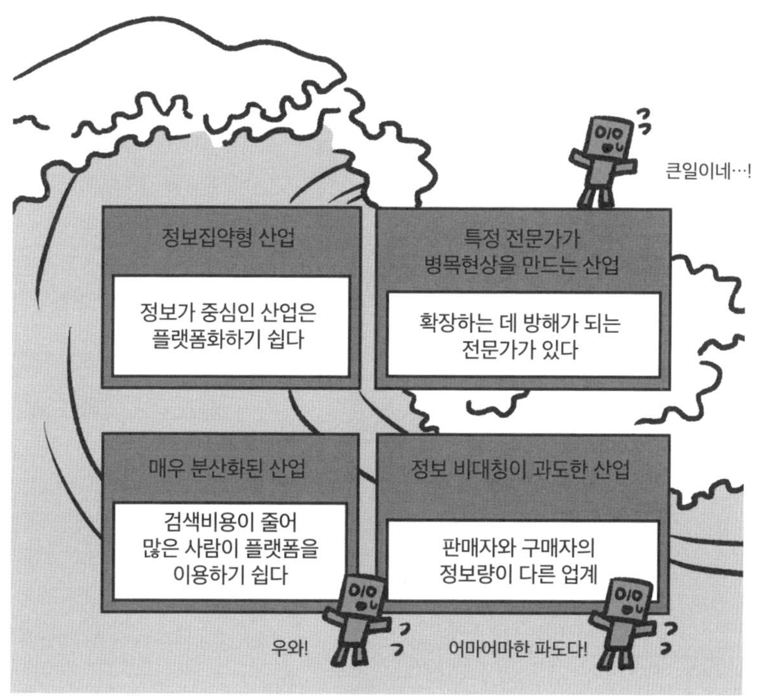
큰일이네…!
정보집약형 산업
정보가 중심인 산업은 플랫폼화하기 쉽다
특정 전문가가 병목현상을 만드는 산업
확장하는 데 방해가 되는 전문가가 있다
매우 분산화된 산업
검색비용이 줄어 많은 사람이 플랫폼을 이용하기 쉽다
정보 비대칭이 과도한 산업
판매자와 구매자의 정보량이 다른 업계
우와!
어마어마한 파도다!

실천

플랫폼 비즈니스의 영향은 앞으로 더욱 커질 것이다. 정보의 비대칭성과 분산 등, 당연한 광경이 변화의 흐름에 흡수될 것이다.

전략
29

새로운 정보가 입력될 때마다, 사람의 행동 양식은 변화한다

정보의 문명학

'정보'의 시대가 온다!

성립 과정

우메사오 다다오는 공업화 사회 다음으로 정보화 사회가 도래한다고 지적했다. 이러한 변화는 물건에서 정신세계로의 전환을 뜻하며, 다음 세대에는 특징적으로 '정보산업'이 대두할 것이라고 예언했다.

생각한 사람

우메사오 다다오는 1920년 출생으로 교토대학 명예교수이자 이학박사로 문화인류학, 정보학, 미래학 등의 분야에서 다수의 저작물을 남겼다.

내용

《정보의 문명학》은 총 3부로 구성되어 있다. 1부에서는 정보산업론 등에 관해 논하며, 2부에서는 정보산업론 재설과 실천적 정보산업론, 그리고 3부에서는 정보의 문명학, 정보의 고현학 등에 관해 이야기한다.

29

고민

우리는 정보화 사회에 어떻게 대비해야 할 것인가?

해답

빅데이터와 같은 정보의 출현으로
변화하는 사람의 행동 양식에 주목하라!

전략 포인트

① 정보야말로 사람의 행동을 지배하는 힘이다

인간은 어떤 정보를 획득하고 나서 다음 행동을 결정한다. 정보가 행동에 영향을 주는 것이다. 이것이 정보가 지닌 실용적인 의미다.

② 사람은 '물건'을 통해 '정보'를 산다

최근에는 "어느 지역 어디 농협의 쌀"이라고 지정해야만 한다. 이러한 현상을 한 유통관계자는 농산물의 패션화라고 부르는데, 이것이 정보화 혹은 정보산업화이다.

③ 새로운 정보가 나타나는 시대에는 사람의 행동이 격변한다

정보에 따라 사람이 움직이는 사회에서는 새로운 형태의 정보가 나타나면 사람의 행동도 격변한다. 새로운 정보의 형태를 만든다면 사회의 모습을 바꾸는 데 영향력을 미칠 수 있다.

전략 포인트 1

정보야말로 사람의 행동을 지배하는 힘이다

사람이 받아들이는 정보를 통제할 수 있다면 사람의 행동도 제어할 수 있다.

아하! 이 정보가 있으니까 다음은 C로 해야지!
정보
선택 A
선택 B
선택 C

그러나 무엇을 정보로 삼을 것인지는 받아들이는 사람의 몫이다

이건 무의미해!
이건 중요해.

넘쳐나는 정보 중에 무엇을 받아들일지는 수용하는 사람에게 달렸다.
만일 받아들이는 정보가 조종되는 것이라면 사람은 그에 따라 움직이게 된다.

실천

사람은 정보를 바탕으로 다음 행동을 결정한다. 그렇다면 효과적으로 정보를 공급한다면 많은 사람을 움직일 수 있다.

전략 포인트 2

사람은 '물건'을 통해 '정보'를 산다

현대에서 '물건'은 정보화되어 구매된다.

쌀 A
쌀 B
쌀 C
○○산
저농약
정보 시대에는
농산물조차
정보에 따라 판매된다.
이 쌀로
살래!

정보화 사회에서 움직이는 것은 정보이며, 물건은 그에 끌려다닌다.

실천

인터넷 쇼핑에서도 사람들은 적혀 있는 정보에 의지해 구매한다. 이처럼 사람은 정보를 사들이고, 그에 따라 물건이 움직인다.

전략 포인트 3

새로운 정보가 나타나는 시대에는 사람의 행동이 격변한다

과거에는 없던 새로운 정보의 출현으로 사람들의 생활양식이 바뀌고 있다.

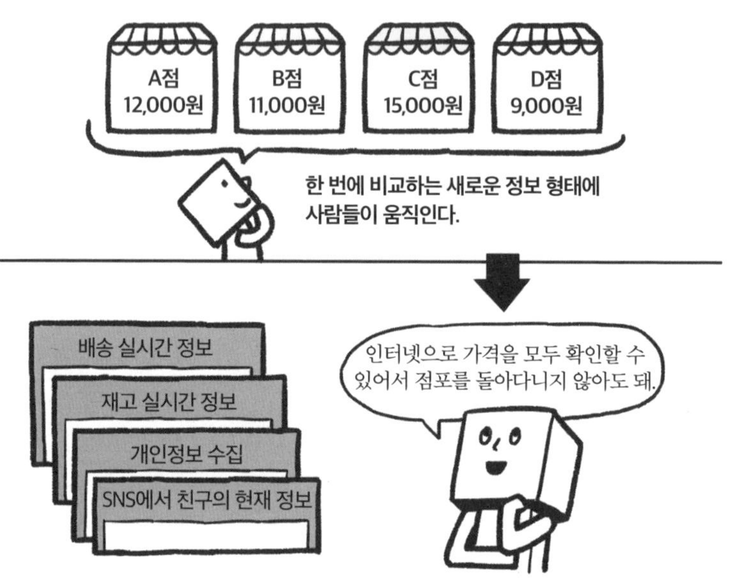
A점
12,000원
B점
11,000원
C점
15,000원
D점
9,000원
한 번에 비교하는 새로운 정보 형태에
사람들이 움직인다.
배송 실시간 정보
재고 실시간 정보
개인정보 수집
SNS에서 친구의 현재 정보
인터넷으로 가격을 모두 확인할 수
있어서 점포를 돌아다니지 않아도 돼.

사람은 정보를 바탕으로 행동을 결정한다.
따라서 새로운 형태의 정보가 형성되면 사람들의 행동은 크게 변화한다.

실천

현대에서 사람의 행동이 크게 변하는 것은 새로운 정보 형태가 속속히 만들어지기 때문이다. 이로써 시장을 격변시킬 수 있다.

전략 30

누구보다 빨리 지배 역학을 간파하라

플랫폼 제국의 미래

생각한 사람

스콧 갤러웨이는 뉴욕대학교 스턴 경영대학원 교수로, 연쇄 창업자로서 9개 회사를 창업했다. 대학교수로서도 세계적 지명도를 가진 인물이다.

내용

《플랫폼 제국의 미래》는 전체 11장으로 구성돼 있다. 5장까지는 각 기업을 분석하며, 6~8장에서는 GAFA의 공통점을 모두 찾아 소개하고, 9장부터 GAFA 이후의 세상을 예측한다.

GAFA는 새로운 세계의 가치를 최초로 간파해냈다!

성립 과정

갤러웨이는 신화로 뒤집힌 현대를 선도하는 네 기업 GAFA의 전모를 여러모로 분석하여 기술한다. 그러면서도 네 기업의 비즈니스가 갖는 지배적인 힘이 너무 크다 보니, 그들이 지배하는 새로운 기술이 사회를 독점하는 자와 무력한 대중으로 변모시킬 위험성이 있다고 경고한다.

고민

구글, 애플, 페이스북, 아마존의 지배력은 굉장하다.
어떻게 그들은 압도적인 지배력을 발휘할 수 있었을까?

해답

그들은 서서히 모습을 드러내기 시작한
지배적 역학의 진가를
매우 적절한 타이밍에 간파했다.

전략 포인트

① 일반적인 성공법칙에 꿰맞추지 마라

아마존이 융성할 수 있었던 이유는 우리의 본능에 호소하는 힘에 있다. 또 단순하면서도 명확한 기업 스토리에 있다. 테크놀로지 기업에서 고급 브랜드로 전환하겠다는 베이조스의 결정은 비즈니스 사상, 아주 중요한 가치를 창조해낸 식견이었다.

② 혁신가가 아니라 '지배자'가 되어라

한 업계의 개척자가 뒤에서 공격받는 일은 흔하다. 4개 기업 역시 후발주자다. 그들은 선구자의 시해를 깡그리 뒤져서 정보를 모으고 실패에서 배우며 성공했다.

③ GAFA의 성공을 뒷받침한 '8가지 유전자'

그들은 제품 차별화, 선견지명 있는 투자, 글로벌 시장으로의 진출, 호감을 주는 이미지, 고객 경험의 수직적 통합, 인공지능 활용, 선망의 대상이 되는 기업, 지정학적 위치를 고려했다.

전략 포인트 1

일반적인 성공법칙에 꿰맞추지 마라

30

예상 밖 성공 요인, GAFA에 일반론은 통하지 않는다.

아마존
물건을 모으려는 인간의 본능
리뷰가 광고 대신
거액의 자금을 낮은 이자로 이용
애플
유통과 고객 체험을 직판으로 지배
고급 브랜드 마케팅으로 이성에게 도발적인 매력 발휘
페이스북
사용자가 증가할수록 가치 상승
타인과의 연결은 인간의 기본적인 욕구
미디어가 아니라 플랫폼이라고 주장
개인정보라는 연료
구글
신뢰를 중시한 마케팅
정보를 얻고 싶은 인간의 욕구
'마이크로소프트 타도'를 외치는 에릭 슈미트의 CEO 취임
일반적인 성공 요인과 다른 측면에서 GAFA는 성공하고 있어!

실천

네 기업의 성공은 누구도 예상하지 못한 '성공 요인'에 있으며, 각 기업은 독창적인 가치를 만들어냈다.

전략 포인트 2

혁신가가 아니라 '지배자'가 되어라

GAFA는 혁신가가 아니라 지배자이다!

GAFA가 최초의 혁신가가 아니라고?
아마존이 생기기 전 최초의 온라인 소매업이, 애플이 생기기 전 최초로 PC를 개발한 기업이, 페이스북이 생기기 전 마이스페이스를 만든 기업이, 구글이 생기기 전 초기 검색 엔진이 있었어!
지배적인 역학을 발견했어!
서서히 모습을 드러내 업계를 지배한 열쇠
새로운 산업

거대한 승자인 GAFA는 사실 최초의 혁신가가 아닌 후발주자였지만, '지배적 역학'을 처음으로 발견한 기업들이었다.

실천

서서히 움직이는 커다란 소용돌이의 시작을 알아차리고 누구보다 빨리 지배적인 역학을 간파해야 한다.

전략 포인트 3

GAFA의 성공을 뒷받침한 '8가지 유전자'

30

네 기업에는 공통으로 '8가지 요소'가 있다.

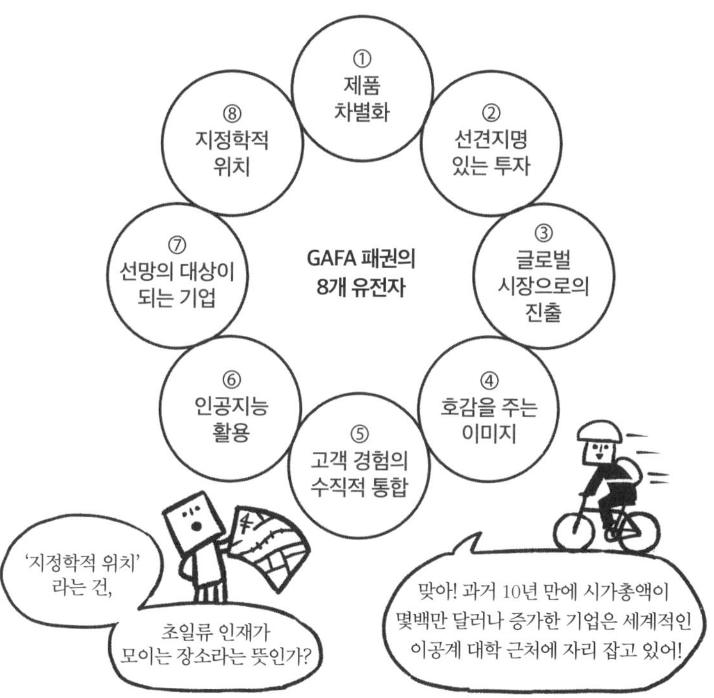

① 제품 차별화
② 선견지명 있는 투자
③ 글로벌 시장으로의 진출
④ 호감을 주는 이미지
⑤ 고객 경험의 수직적 통합
⑥ 인공지능 활용
⑦ 선망의 대상이 되는 기업
⑧ 지정학적 위치
GAFA 패권의 8개 유전자
'지정학적 위치' 라는 건,
초일류 인재가 모이는 장소라는 뜻인가?
맞아! 과거 10년 만에 시가총액이 몇백만 달러나 증가한 기업은 세계적인 이공계 대학 근처에 자리 잡고 있어!

거대한 성공을 거둔 기업에는 8가지 공통 유전자가 있다.

실천

8장

전쟁 전략

수많은 '전쟁의 역사'에서
명장과 뛰어난 지략이 태어났다.

싸움의 역사에서 특별한 '대전투'를 좇으며
그곳에서 사용된 전략을 파헤쳐보자.

전략

31

지식 욕구를 바탕으로 한 현실적 이상주의

표트르 1세

뛰어난 지식과 기술을 하나에서 열까지 모두 흡수하라

생각한 사람

러시아 초대 황제 표트르 1세는 스웨덴의 칼 12세와 대북방 전쟁을 치렀으며 최종적으로 승리했다. 문화와 기술에 대한 호기심이 매우 왕성했으며 러시아를 유럽의 강국으로 만들기 위한 개혁을 성공시켰다.

성립 과정

표트르 1세는 겨우 10살의 나이에 즉위했으나, 이복형제와 그 일족이 일으킨 쿠데타로 잠시 권력을 빼앗기기도 했다. 한동안 이어진 유폐 생활 중에도 외국인 군인 등으로 부터 지식을 얻고, 군대에서 모의전을 하는 놀이를 통해서 군사적 재능을 키웠다. 또 왕성한 지식 욕구에 힘입어 조국의 개혁도 추진했다.

내용

지식욕이 왕성하여 군사 및 과학 등을 탐욕스럽게 흡수했으나, 누나가 쿠데타를 일으키고 첫 전쟁에서 스웨덴의 신동 칼 12세에게 패하는 등, 이른 단계에서 '굴욕과 실패'를 맛봤다. 그 때문에 '현실주의'를 잊지 않았다.

고민

기술에 뒤처지고 오래된 인습이 남은 가운데
어떻게 해야 경쟁국에 승리할 수 있을까?

해답

현실적인 기술 도구 개발과
뛰어난 인재 발탁으로 시야를 넓힌다.

전략 포인트

① 굴욕과 패배를 경험해야 '진짜 승자'가 될 수 있다

전쟁에서 2개국을 동시에 적으로 삼는 일은 늘 피했다. 한편 신동이라고 불리며 18세부터 전쟁을 지휘한 스웨덴의 칼 12세는 경험을 쌓으며 적국의 수가 늘어나도 개의치 않았다.

② 새로운 시대의 '승자 조건'을 찾도록 시야를 넓힌다

북방의 강국 스웨덴에 승리할 수 있던 것은 표트르 1세가 해군을 창설했기 때문이다. 그는 최신 조선기술을 찾기 위해 영국까지 시찰단을 조직하여 보냈고, 자신도 참가했다.

③ 우두머리의 '비범한 행동력'이 대약진을 만든다

10대 후반부터 외국의 군인들에게서 최신 군사학을 배우고, 외국 기술 및 장인들의 최첨단 기술에 주목했다. 이러한 총명함으로 이복형제를 압도할 수 있었다.

전략 포인트 1

굴욕과 패배를 경험해야 '진짜 승자'가 될 수 있다

시작부터 굴욕과 패배를 맛보았기에 현실을 중시하는 자세를 갖추게 되었다.

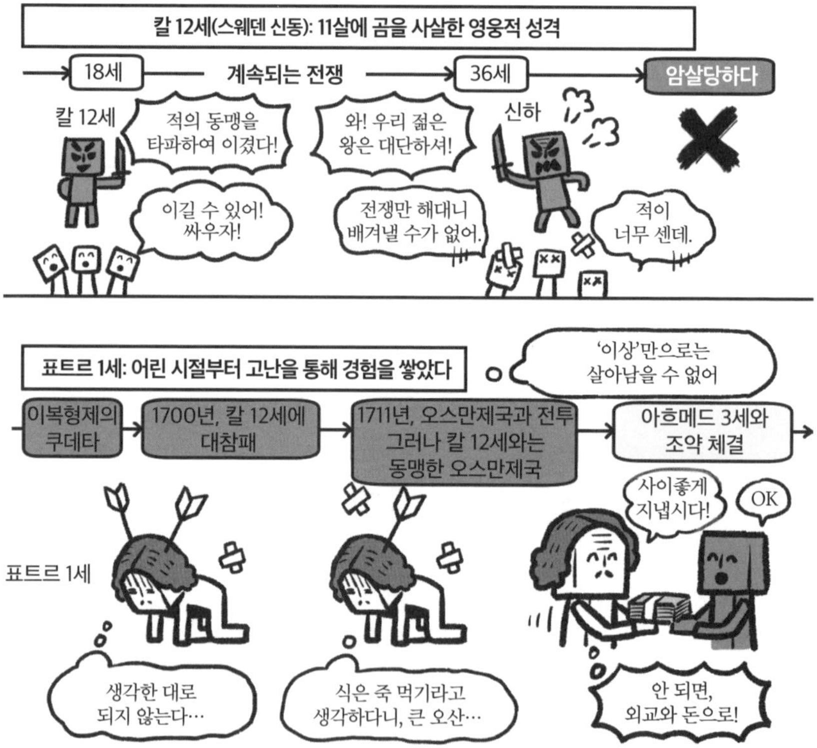

칼 12세(스웨덴 신동): 11살에 곰을 사살한 영웅적 성격

→ 18세 — 계속되는 전쟁 → 36세 → 암살당하다

칼 12세

적의 동맹을 타파하여 이겼다!

이길 수 있어! 싸우자!

와! 우리 젊은 왕은 대단하셔!

전쟁만 해대니 배겨낼 수가 없어.

신하

적이 너무 센데.

표트르 1세: 어린 시절부터 고난을 통해 경험을 쌓았다

'이상'만으로는 살아남을 수 없어

이복형제의 쿠데타 → 1700년, 칼 12세에 대참패 → 1711년, 오스만제국과 전투 그러나 칼 12세와는 동맹한 오스만제국 → 아흐메드 3세와 조약 체결 →

표트르 1세

생각한 대로 되지 않는다…

식은 죽 먹기라고 생각하다니, 큰 오산…

사이좋게 지냅시다!

OK

안 되면, 외교와 돈으로!

실천

초기에 실패를 경험하면 어떻게 문제에 대처할 것인지 다면적으로 사고할 수 있다. 성공만 해온 사람은 의외로 역경에 약하다.

전략 포인트 2

새로운 시대 '승자 조건'을 찾도록 시야를 넓힌다

31
표트르 1세

승리에 필요한 요소를 객관적으로 찾아냈다.

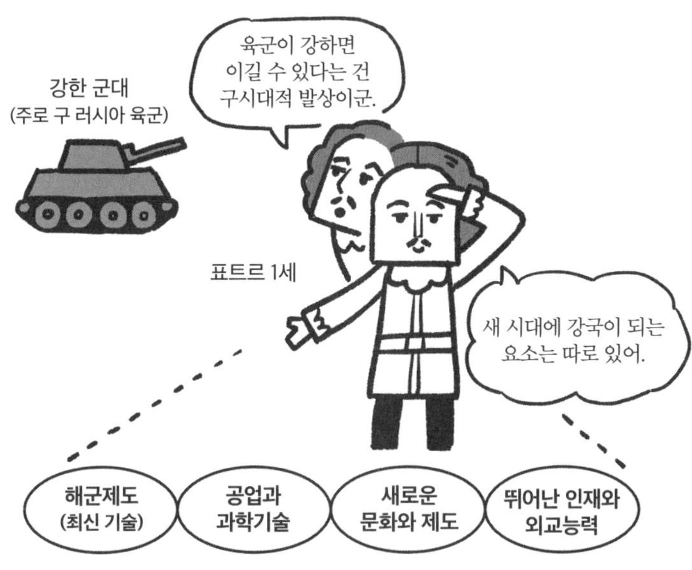
육군이 강하면 이길 수 있다는 건 구시대적 발상이군.
강한 군대 (주로 구 러시아 육군)
표트르 1세
새 시대에 강국이 되는 요소는 따로 있어.
해군제도 (최신 기술)
공업과 과학기술
새로운 문화와 제도
뛰어난 인재와 외교능력

표트르 1세는 시야를 넓혀 다음 시대에 필요한 것을 흡수했다.

실천

시대가 바뀌면 승자의 조건도 바뀐다. 따라서 객관적 사고로 요소를 추려야 한다.

전략 포인트 3

우두머리의 '비범한 행동력'이 대약진을 만든다

최첨단 기술을 배우고 싶다면,
누구보다 솔선하여 현장으로 향해야 한다.

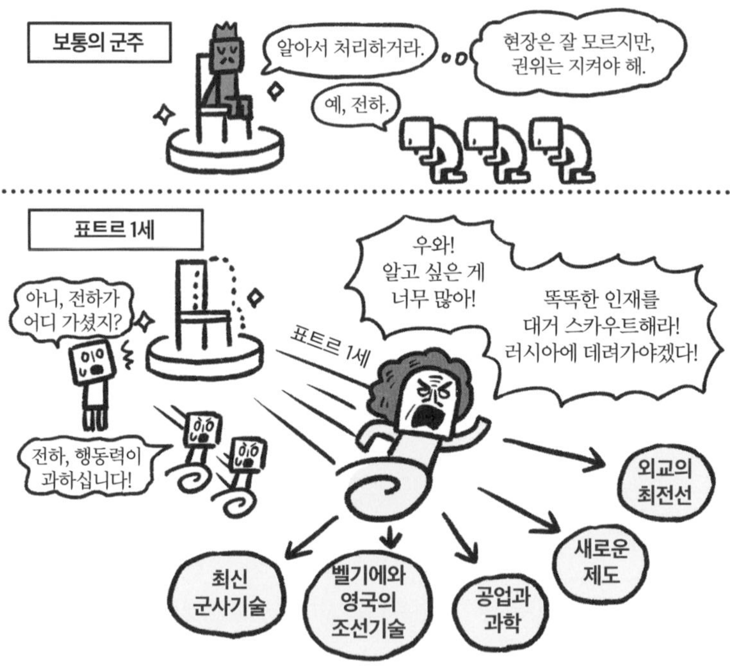

보통의 군주
알아서 처리하거라.
현장은 잘 모르지만, 권위는 지켜야 해.
예, 전하.
표트르 1세
아니, 전하가 어디 가셨지?
우와! 알고 싶은 게 너무 많아!
똑똑한 인재를 대거 스카우트해라! 러시아에 데려가야겠다!
표트르 1세
전하, 행동력이 과하십니다!
외교의 최전선
새로운 제도
최신 군사기술
벨기에와 영국의 조선기술
공업과 과학

실천

리더는 왕좌에 안주하지 않으며 궁금증을 해결하기 위해 직접 최전선에 나서서 자신의 눈과 귀로 확인해야 한다. 이러한 행동이 혁신을 이뤄낸다.

상대의 틈을 노려 집중 공격하라!

전략 32

나폴레옹 보나파르트

'최악의 방책'이란 '비겁한 방책'이다!

생각한 사람

나폴레옹은 1769년 코르시카 섬에서 태어났다. 포병 사관으로 군 생활을 시작했는데, 프랑스 혁명과 이후에 이어진 전쟁에서 수완을 발휘, 1804년 프랑스 황제가 되었다.

내용

나폴레옹이 남긴 말에는 집중과 기습, 용맹이 얼마나 중요한지 담겨 있다. 군대를 동적인 상태로 만들어 적에게 틈을 만들고, 그 지점에 군의 힘을 집결시켜 돌파해야 한다는 것이 그의 기본 사상이었다.

성립 과정

1789년 프랑스 혁명 이후, 왕정이 타도되자 프랑스는 주변 왕정국가와 충돌했다. 구체제를 유지하는 세력에 둘러싸여 있었지만, 독립을 지키기 위해 열세를 뒤엎을 만한 군략을 가진 나폴레옹과 같은 인물이 등장했다.

고민

상대가 사방팔방에서 진격해온다면,
어떻게 요격해야 할 것인가?

해답

자율적이면서도 가장 빠르게 움직일 수 있는
조직 단위를 설정해 활동한다.

전략 포인트

① '주인의식'이 최강군단을 만든다

국왕에게 돈으로 고용된 용병이 아니라, '스스로 조국을 위해' 싸우고 결사의 각오로 전투에 나서는 동기가 있었기에 사기를 높게 유지할 수 있었다.

② 자율적으로 행동할 수 있는 군단제도의 위력

징병제도로 대군을 만들고, 자율적 행동이 가능한 군제도에 따라 광대한 전선에서 자유롭게 대응할 수 있게 하여 효과적인 대응력을 만들어냈다.

③ 끊임없이 움직여서 적의 틈을 찌른다

유명한 아우스터리츠 전투에서는 고원지대에 포진한 우세한 적에게 일부러 허점을 보여 꾀어낸 다음, 적국이 움직인 상태에서 빈틈을 발견하여 공격, 승리를 거머쥐었다.

전략 포인트 1

'주인의식'이 최강군단을 만든다

32

나폴레옹 보나파르트

프랑스 혁명으로 국민 전체가 '주인의식'을 높여서 승리했다.

국왕의 전쟁에
고용된 용병

의욕 없음

프랑스 국민의 자유와 평등,
조국을 지키기 위한 전투

의욕 충만!

우리와 상관없는 문제니까.
돈은 필요하지만
다치기는 싫어.

우리와 직결된 문제!
자유와 평등을 지키기 위해
결사의 각오! 진심이다!

참가하는 동료에게 주인의식이 얼마나 있는지에 따라 그룹의 기세가 바뀐다. 이들을 '당사자'로 바꾸려면 효과적인 이념을 내세우는 것이 중요하다.

실천

전략 포인트 2

자율적으로 행동할 수 있는 군단제도의 위력

기동력을 키워 효과적으로 대응한다.

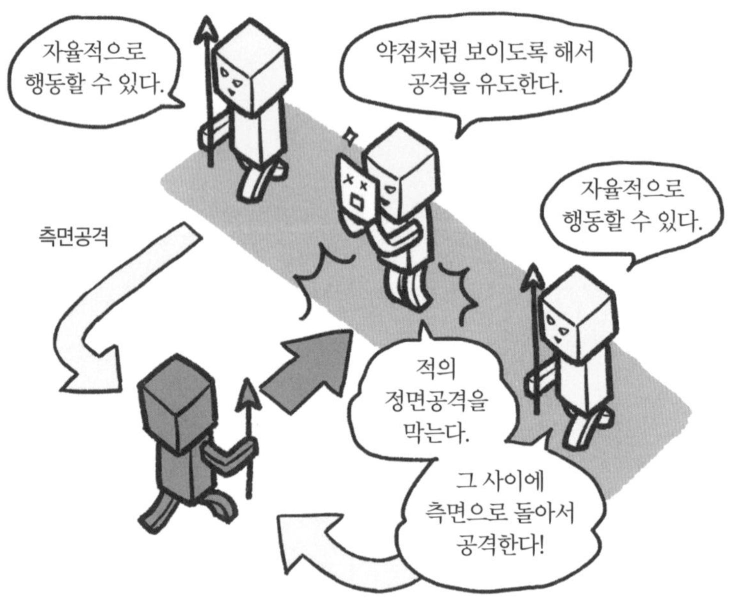

자율적으로 행동할 수 있다.
약점처럼 보이도록 해서 공격을 유도한다.
자율적으로 행동할 수 있다.
측면공격
적의 정면공격을 막는다.
그 사이에 측면으로 돌아서 공격한다!

실천

집단이 커지면 단위별로 자율성이 있을 때 더욱 강해진다. 그전에 어떻게 하면 스스로 판단하여 행동하는 집단으로 만들 수 있을지 생각해야 한다.

전략 포인트 3

32 끊임없이 움직여서 적의 틈을 찌른다

나폴레옹 보나파르트

정적인 상태가 아니라 '동적인 상태'에서 상대의 빈틈을 만들어낸다.

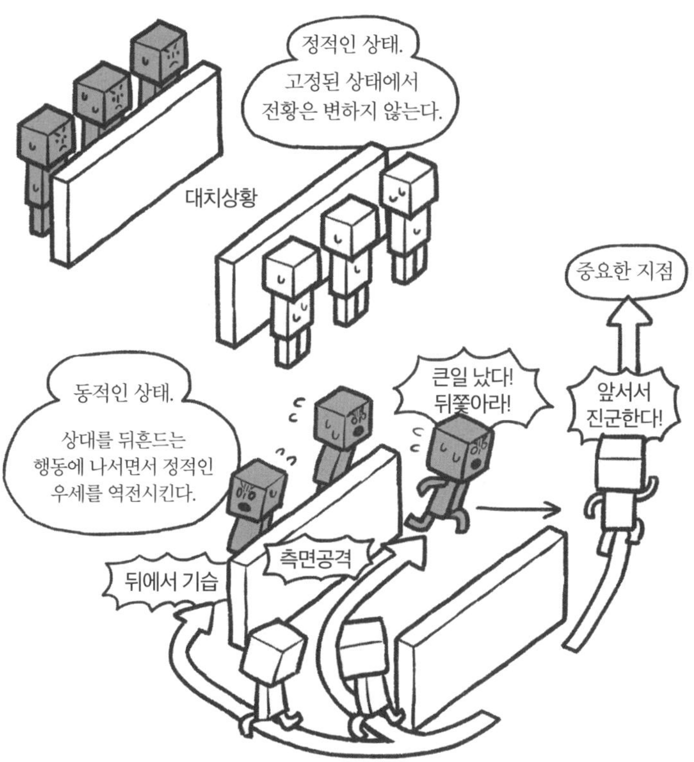

정적인 상태.
고정된 상태에서 전황은 변하지 않는다.
대치상황
중요한 지점
큰일 났다! 뒤쫓아라!
앞서서 진군한다!
동적인 상태.
상대를 뒤흔드는 행동에 나서면서 정적인 우세를 역전시킨다.
측면공격
뒤에서 기습

실천

상대를 혼란에 빠뜨려 그들이 당황하는 동안, 자유롭게 움직여 적의 '약점'을 찌른다.

전략

33

상대의 강점을 무력화해 일방적인 우위에 선다

카를 폰 클라우제비츠

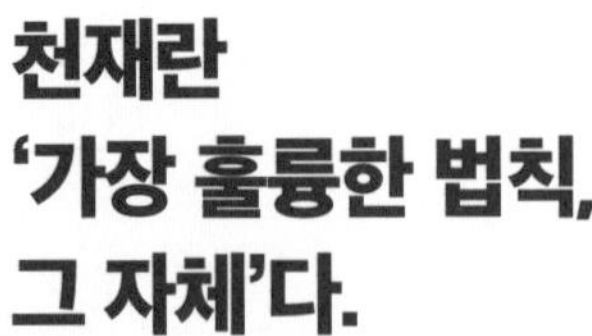
천재란
'가장 훌륭한 법칙,
그 자체'다.

성립 과정

1806년 패배한 프로이센 왕국은 국토의 절반을 잃는다. 클라우제비츠 군단은 프랑스에 점령된 조국을 되찾기 위해 나폴레옹의 전략을 철저히 연구하여 그를 타도할 방책을 생각해냈다.

생각한 사람

프로이센 군인 카를 폰 클라우제비츠는 1780년 프로이센 왕국에서 태어났다. 군인이 되었지만, 1806년 프랑스와의 전쟁에서 포로가 되어 후일 프랑스의 나폴레옹 타도 군사전략을 연구했다. 저서 《전쟁론》은 그의 사후에 아내가 정리한 원고를 모은 글이다.

내용

《전쟁론》은 전체 8부 구성으로, 전투에서의 역학, 특히 적과 아군의 상호작용에 따라 어떤 움직임이 발생하는지 상세히 고찰하고 있으며, 나폴레옹이 만든 전장의 혁신을 파괴하려는 의도가 보인다.

우리도
팬입니다

블라디미르 레닌

마오쩌둥

33

카를 폰 클라우제비츠

고민

경쟁자가 독자적인 강점으로 기세등등할 때,
어떻게 대항할 수 있을까?

해답

적이 소수정예 군단이라면 상대의 강점을
무효화할 수 있을 만큼 대군으로 포위!
불가능하다면 승부에 나서거나 버티지 말고
재빨리 퇴각한다!

전략 포인트

① 강적은 '숫자'로 포위하여 무너뜨린다

기동력이 출중했던 나폴레옹을 이기기 위해 1개 부대가 전선 깊숙이 침투하여 각기 격파되지 않으면서 적을 궁지에 몰아넣는 방법을 사용했다.

② '상대의 저항력'을 파괴한다

적을 타도하려면 우선 적의 저항력을 파악하고 그에 따라 우리가 발휘할 힘을 조절해야 한다. 적의 대항에는 분리하기 힘든 2가지 요소가 있다. 하나는 기존 제반 수단의 대소이며, 또 하나는 의지력의 강약이다.

③ 상대의 강점이 무기가 되지 않도록 전개를 계획한다

나폴레옹은 강점이 명확한 군사 리더였다. 그에게 역전 승리를 거두려면 주요 전법을 무기로 이용하지 못하도록 포진을 전개해야 했다.

전략 포인트 1

강적은 '숫자'로 포위하여 무너뜨린다

강자와 개별로 싸우면 무조건 진다.
따라서 '포위망'을 사용해야 한다.

일대일 승부는 최대한 피해 승리를 거두자

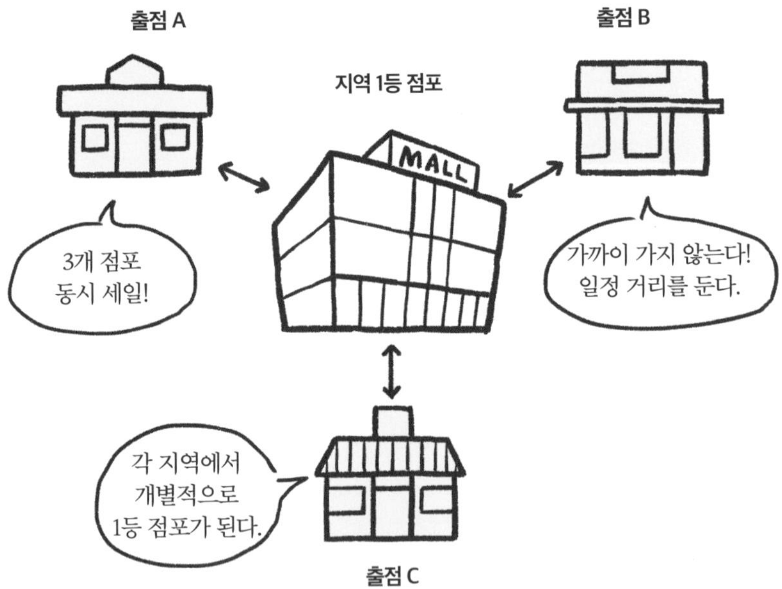

출점 A
지역 1등 점포
출점 B
MALL
3개 점포
동시 세일!
가까이 가지 않는다!
일정 거리를 둔다.
각 지역에서
개별적으로
1등 점포가 된다.
출점 C

실천

상대를 포위할 수 있을 정도로 조직이 우세하다면, 조직력을 활용해야 쉽게 이길 수 있다.

전략 포인트 2

'상대의 저항력'을 파괴한다

33

카를 폰 클라우제비츠

공격법보다도 방어법에 주목하여 전략을 세운다.

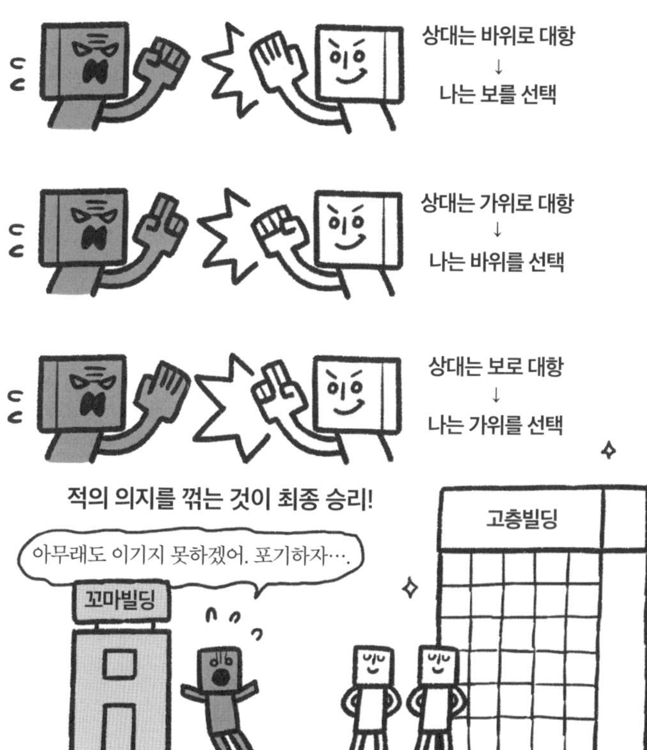
상대는 바위로 대항
↓
나는 보를 선택
상대는 가위로 대항
↓
나는 바위를 선택
상대는 보로 대항
↓
나는 가위를 선택
적의 의지를 꺾는 것이 최종 승리!
아무래도 이기지 못하겠어. 포기하자….
꼬마빌딩
고층빌딩

실천

상대의 방어법을 보고 공격법을 정한다. 싸우기 전에 상대의 전의를 상실시킬 수 있다면 그편이 더 나은 방법이다.

전략 포인트 3

상대의 강점이 무기가 되지 않도록 전개를 계획한다

상대의 강점을 쟁점화하지 않는다.

① 주요 강점
② 주요 강점
마케팅력
자금력
걸출한 기술력과 노하우
벤처기업의 강점
보수적인 대기업
이겼다!
영업력
③ 주요 강점
기술로 승부하지!

대기업이라면 벤처기업처럼
기술이 아니라 다른 요소로 싸워야 한다.

실천

상대의 강점이 뛰어나다면, 기타 요소가 더 중요하다고 생각하게 만든 후에 쟁점에서 제외시킨다.

전략

34

실적에 따른 인사로, 철저한 실행력을 만든다

남북전쟁

시야가 좁은 인물에게는 일을 맡기지 마라!

생각한 사람

에이브러햄 링컨은 변호사, 상원의원을 거쳐 1861년 미합중국 대통령이 되었다. 취임하고 한 달 만에 시작된 남북전쟁을 지휘하여 4년 뒤에 전쟁에 승리했으나 이내 암살당했다.

내용

그는 전신이라는 신기술을 적극적으로 도입했다. 그리고 전투뿐 아니라 정치, 경제 등 종합적인 항쟁을 계획했다. 마지막에는 실적 및 실행을 중시하는 인사로 전투에서 패배한 장군을 차례로 해고했으며, 뛰어난 인재를 발굴하여 전투 지휘를 맡겼다.

성립 과정

1861년 3월, 링컨은 미국 제16대 대통령이 되었지만, 다음 달인 4월 12일에 전쟁이 시작되었고, 북군을 지휘하게 되었다. 그러나 실적이 없는 새내기 대통령이다 보니, 군부는 당초부터 그의 지휘를 경시했다. 같은 해 7월, 제1차 불런 전투에서 우세했던 북군이 패배하자 링컨은 전쟁을 새로운 시각으로 보기 시작했다.

고민

꿈쩍 않는 조직을 움직여 승리를 잡고 싶다면,
무엇을 해야 할까?

해답

평판이나 직함이 아닌 실적을 올리는 사람을
리더로 발탁하여 '승리'와 '실행'을
가속하는 사이클을 만들어라.

전략 포인트

① 패배를 새로운 발상을 도입할 기회로 삼는다

전신기술에서 민간의 힘을 빌리고, 정치적 메시지를 이용하여 남부를 고립시켰다.

② 현장뿐 아니라 주변 여건도 정리하여 순풍을 만든다

재빠른 해상봉쇄로 남부의 경제에 큰 타격을 주었고, 서부지역에서도 전투를 개시했다.

③ '안 되는 사람'은 주저하지 말고 곧바로 교체한다

군사경험이 없는 링컨을 경시하고 명령을 따르지 않던 장군을 차례로 경질했다. 반면 성과를 올린 젊은 사관을 지휘관으로 채용하여 쉬지 않고 진격했다.

전략 포인트 1

패배를 새로운 발상을 도입할 기회로 삼는다

34

남북전쟁

실패 경험이 낡은 방법을 의심하게 했다.

1981년 7월, 제1차 불런 전투
버지니아주
VS
수도 워싱턴 D.C.
아군의 장군에게 맡겨두면 이대로 이길 수 있겠지?
남군의 제퍼슨 데이비스 (군인 출신)
남군의 반격!
북군의 링컨
우세였을 텐데 지다니! 발상이 진부한 군인에게 전쟁을 맡겨서는 안 될 일인가….
· 해상봉쇄 · 노예제 해방 선언 · 연설로 여론 고무
· 장군 인사의 대대적 쇄신 · 전신의 민간 활용

이러한 아이디어가 실패에서 태어났다!

실천

시작에서 실패를 체험한다면 행운이다. 시작부터 성공한 사람은 사태를 얕보다 결국 몰락한다.

전략 포인트 2

현장뿐 아니라 주변 여건도 정리하여 순풍을 만든다

현장의 시점뿐만 아니라 전체를 바라보는 대책을 동시에 실행한다.

북군 링컨 대통령
노예 해방 선언으로 유럽의 여론을 돌렸다
전쟁터의 현장 부대를 향한 질타와 격려
해상봉쇄로 남부 경제에 타격을 주다
직접 연설에 나서 북부 여론을 격려
동부만이 아니라 서부에서도 전쟁을 시작하여 여러 방면에서 남군을 추적
전쟁터에 세세한 지시뿐만 아니라 큰 테두리에서의 대응도 병행한다!
현장 부대의 분발
남군 데이비스 대통령
현장의 시점에서만 고민
전쟁터에서 일시적으로 승리해도 열세를 뒤집지는 못했다….

실천

링컨은 전쟁터에서뿐만 아니라 국제 여론을 향한 배려와 일반 시민을 대상으로 한 연설 등 다면적인 대책을 빠짐없이 펼쳤다.

전략 포인트 3

'안 되는 사람'은 주저하지 않고 곧바로 교체한다

34

남북전쟁

먼저 실행 시킨 다음 패배한 장군은 차례로 해고했다.

인기가 있어도 평판이 좋아도 성과가 없는 장군은 해고다!
전쟁터의 현장 부대를 향한 질타와 격려
곧바로 행동하지 않는 장군, 패배한 장군, 용감하게 싸우지 않는 장군
곧장 행동에 옮기는 인재, 젊고 능력 있는 인재, 적극적인 인재
지휘권
패턴 장군
매클렐런 장군
박탈
미드 장군
그랜트 장군
발탁
게으름 떨다가 잘렸어!
해보겠습니다!

일단 시켜보고 결과를 내지 못하면 경질한다. 이는 곧 실행력 있는 젊은 인재 발탁으로 이어진다.

실천

에피소드

"해고야!"가 입버릇인 대통령들

미국 제16대 대통령
에이브러햄 링컨
WINNER!
남북전쟁에서 승리를 거둘 수 있었
던 것은 탁월한 지휘력을 갖추고…
너, 나가!
두둥!
무능한 장군은 가차 없이
그만두게 했기 때문이다.
그리고 현대。
미국 제45대
대통령
도널드 트럼프
HAHAHA
경영자 시절 출연한 TV 프로그램에서
했던 유명한 말이 바로
자네는 해고야!
위대한 대통령으로서 이름을
남긴 링컨
뒤를
부탁하네!
오케이!
그러나 트럼프가 명군으로 불릴지
폭군으로 불릴지는 앞으로의
역사가 판단할 일이다.

전략

35

상대가 저항하지 않는 상태를 조성해,
예기치 못한 장소에서 결전한다

리델 하트 전략론

적의 약점에 힘을
집중하는 것이야말로
전투의 원칙!

생각한 사람

바실 헨리 리델 하트는 1895년 영국 출생으로, 육군에 지원하여 제1차 세계대전에서는 프랑스 서부전선에 투입되었으나 크게 다친 후, 군사연구가가 되어 1954년에 《전략론》 펴냈다.

내용

《전략론》은 전체 4부로 구성돼 있다. 그리스 시대의 전쟁부터 현대의 게릴라전까지 분석하여 간접 접근법의 유효성을 강조한다. 히틀러의 진격과 참패를 분석한 3부에서는 독일군이 승리에 취해 직접적인 공격을 강조한 것이 패배로 이어졌다고 분석한다.

성립 과정

제1차 세계대전에서는 적의 요새나 참호를 직접 공격했지만, 적이 충분히 대비한 곳을 공격하면 손해만 크고 이익이 없다는 것을 경험상 통감했다. 이러한 체험이 '간접 접근법'으로 이어졌다.

고민

어떻게 하면 쟁쟁한 경쟁자에
진을 빼지 않고 승리할 수 있을까?

해답

나의 진짜 목적을 내보이지 말고,
상대의 경쟁력을 분산시킨다!

전략 포인트

① 승부는 전투 시작 전, 심리전으로 결정된다

전쟁을 하기 전에 어떻게 해야 적이 정신적으로 붕괴되는가 하는 문제는 흥미롭다. 전선에 나서서 전쟁을 경험한 사람이라면 피할 수 있는 유혈은 모두 피하고 싶을 것이다.

② 적의 저항력은 무조건 뺏어라

전략의 진짜 목적은 적의 저항 가능성을 감소시키는 것이다.

③ 직접 부딪히지 않으며 상대의 힘을 소모시킨다

격렬한 전투로 적의 격멸을 노리기보다는 적을 무장해제시키는 편이 효과적이다. 전략가라면 적을 살육한다기보다 마비시킨다는 관점에서 고찰해야 한다.

전략 포인트 1

승부는 전투 시작 전, 심리전으로 결정된다

35

전쟁이 시작되기 전에 적의 정신적 붕괴를 노린다.

우리는 강하다!
굉장하다고!
빈 수레가
요란한 법이지….
어떻게
이기냐고….
도망가는 게
좋겠어….
이래서는
지겠군….

승부를 겨루기 전에 적의 정신적 붕괴를 노린다.

실천

전투를 하기 전에 적의 마음이 무너지도록 하는 심리전에 성공한다면, 모든 전쟁을 우위로 이끌 수 있다.

전략 포인트 2

적의 저항력은 무조건 뺏어라

전략의 진짜 목적은
적이 저항할 만한 가능성을 줄이는 것이다.

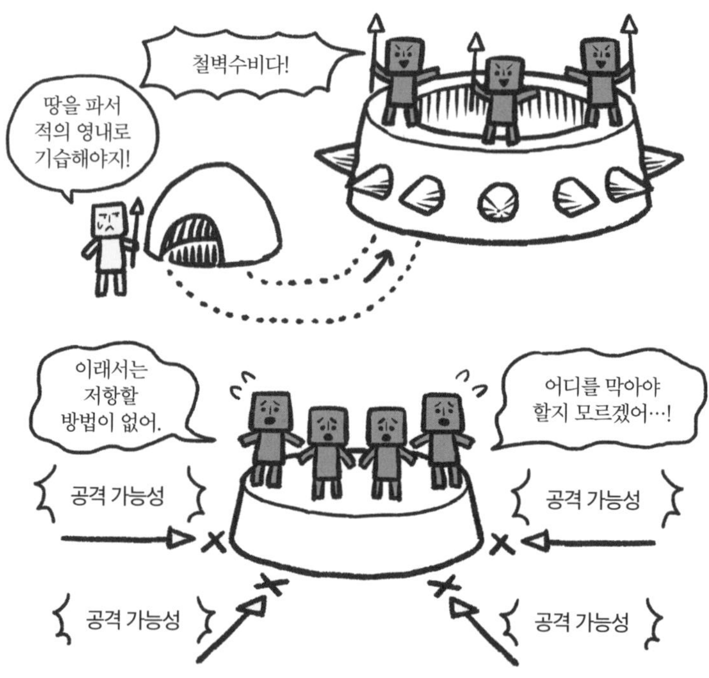

철벽수비다!
땅을 파서 적의 영내로 기습해야지!
이래서는 저항할 방법이 없어.
어디를 막아야 할지 모르겠어…!
공격 가능성
공격 가능성
공격 가능성
공격 가능성

실천

상대의 저항력을 빼앗고, 후퇴로를 막아 개개인의 사기를 떨어뜨린다.

전략 포인트 3

35

직접 부딪히지 않으며 상대의 힘을 소모시킨다

격렬한 전투에서는 이기기보다 적을 마비시키는 데 목표를 둔다.

석유 수출을 금지한다!
석유가 없어! 무기도 멈췄어! 패배다….
전투를 하지 않아도 상대는 움직이지 못해.
적이 수원을 점거했다! 더는 싸우지 못해.
산의 요새

실천

정면에서 직접 부딪히기보다 적의 움직임을 둔화시킨 후, 서서히 상대의 힘을 빼앗는다.

전략

36

신기술과 신지식을 접목한 전략의 힘

러일전쟁

해외에서 얻은 뛰어난 지식과 기술로 대국을 토벌한다!

성립 과정

1904년 2월부터 1905년 9월까지 치러진 러시아와 일본의 전쟁은 지상과 해상 모두에서 진행되었다. 영일동맹이 체결된 후라서 일본은 영국 등에서 간접적으로 지원을 받았고, 쓰시마 해전에서는 극적인 승리를 거뒀다.

생각한 사람

야마가타 아리토모, 오야마 이와오, 야마모토 곤노효에, 고다마 겐타로, 도고 헤이하치로 등 보신 전쟁의 삿초 동맹(1866년 사쓰마번과 죠슈번이 결성한 에도 막부를 타도하기 위한 동맹-옮긴이)과 이후 메이지 시기에 엘리트 교육을 받은 인물들이다.

내용

당시 러시아는 군사비는 수배, 병력은 15배가 넘는 상대였으나, 철저한 현실주의로 자국을 객관화했던 일본이 승리했다. 그러나 이때부터 대본영으로 대표되는 '중앙집권'은 후일 대패배로 이어지는 특징을 보였다.

36

고민

국력도 병력도 몇 배나 많은 대국에 이길 수 있을까?

해답

외부의 뛰어난 점을 흡수하여
더욱 세련된 형태로 역전의 사이클을 만들어라!

전략 포인트

① 젊은 인재에게 해외의 지식을 흡수시킨다

도고 헤이하치로를 비롯하여 육군에 소속된 많은 인재가 유럽 곳곳에서 연수를 받았다. 그 결과 새로운 지식체계에 눈을 뜨게 되었고, 작전을 수립할 수 있게 되었다.

② '이론'과 '실천'의 인재를 절묘하게 조합한다

메이지 정부는 에도막부를 전복한 혁명군이었기에 탁상공론하지 않았고, 실전이라는 기풍이 남아 있었다. 현장 제일주의를 내세워 학력이 없는 역전의 맹수들을 활용하여 팀을 조직함으로써 현실을 제대로 파악하여 대승리를 거뒀다.

③ 옛날의 적을 아군으로 만드는 유연한 인사체제

올재팬(스포츠 분야에서 '온 국민이 총력을 다하자'라는 뜻으로 사용되는 용어-옮긴이)이라고 부르기에 적당할 정도로 실력만 보고 발탁한 인사가 효과를 발휘한다.

전략 포인트 1

젊은 인재에게 해외의 지식을 흡수시킨다

뛰어난 인재를 이질적인 환경에 파견하여 모든 지식을 흡수하게 한다.

영국 유학조
유럽 유학조
미국 유학조
인재
신지식
인재
신지식
인재
신지식
군사 지식의 테두리

훌륭한 인재를 새로운 지식체계에 투입하여 혁신의 씨를 뿌린다.

실천

가장 우수한 인재를 새로운 지식체계가 있는 곳으로 보내, 앞뒤 가릴 것 없이 흡수하게끔 했다.

전략 포인트 2

'이론'과 '실천'의 인재를 절묘하게 조합한다

36

러일전쟁

실전에서 갓 돌아온 맹장들과 치밀한 이론 천재들을 조합한 효과!

궁극의 현실주의와 전쟁터에 익숙한 결단력
우리에게 말겨!
보신 전쟁의 승자와 살아남은 맹장(실전 경험자)
이론과 실전의 융합
최신 이론 학습으로 빼어난 재능을 보인 천재들
작전을 세우자!

탁상공론뿐인 천재는 한 치 앞도 예측하지 못하고,
가혹한 전쟁터에서는 단독으로 기능하지 못하는 때가 많다.

실천

실전 경험이 풍부한 인물과 최신 지식을 익힌 젊은 천재가 협력하면 무적이 될 수 있다.

전략 포인트 3

옛날의 적을 아군으로 만드는 유연한 인사체제

파벌을 제거한 뒤, 실력주의 인사로 절대적인 위력을 발휘!

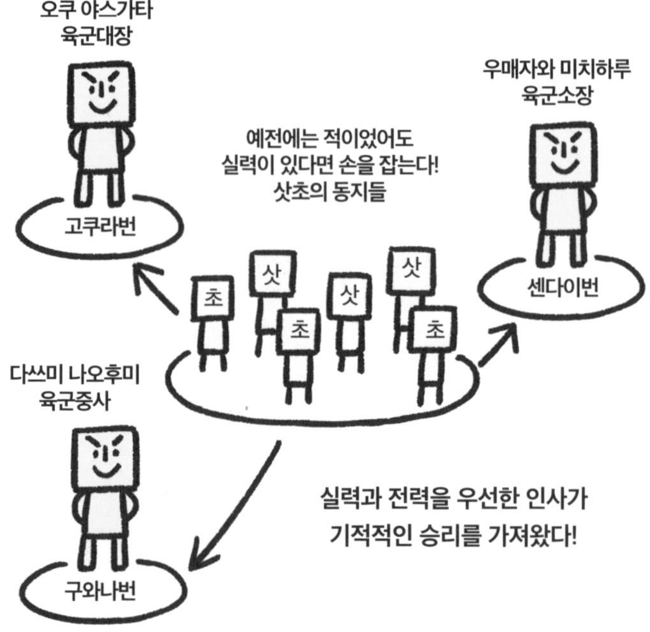

오쿠 야스가타
육군대장
고쿠라번
우매자와 미치하루
육군소장
센다이번
예전에는 적이었어도
실력이 있다면 손을 잡는다!
삿초의 동지들
초
삿
초
삿
삿
초
다쓰미 나오후미
육군중사
구와나번
실력과 전력을 우선한 인사가
기적적인 승리를 가져왔다!

실천

호불호가 분명한 인사나 팀에서는 최강의 전략이 나올 수 없다.

전략 37

로드맵을 공유하는 리더의 전략

마오쩌둥

생각한 사람

마오쩌둥은 중국공산당 창립자 중 한 사람으로 중일전쟁에서 정치적·군사적 지휘자로 활약했다. 제2차 세계대전 이후, 사망할 때까지 중국의 최고지도자였다.

내용

《유격전론》은 간결한 문장으로 비교적 짧다. 전체 9장으로, 전반부에서는 유격전의 의의, 중반부에서는 구체적인 전투방법 및 방어와 진격에 관해 이야기하고, 마지막 장에서는 게릴라전에서의 특수한 지휘계통을 설명한다.

자율적인 분산조직을 활용하면 국소적으로 우위에 서서 이길 수 있다!

성립 과정

마오쩌둥은 《유격전론》과 《지구전론》을 남겼다. 게릴라전을 요약해 설명하고 있으며, 일본군의 중국 진출에 대항하는 방법을 중국 전역에 알리기 위한 지침으로 사용했다.

고민

인력은 많지만 힘이 약한 아군.
그럼에도 승리하고 싶다면?

해답

최종 승리까지의 여정을 명확히 그려서 널리 알리고, 상대의 한 곳을 집중적으로 쫓아 추궁한다.

전략 포인트

① 승리까지의 로드맵을 공유한다

일본군이 중국 전체를 무제한으로 병합하기란 불가능하다. 언젠가 일본은 완전히 수동적인 입장에 서게 될 것이다.

② 자기 판단으로 싸울 수 있는 게릴라 부대를 육성한다

정규전쟁에서의 지휘방법을 게릴라전에 적용하면 기민성을 억누르게 되어 지리멸렬해질 수밖에 없다.

③ 중국식 고등전략, '도망가면서 공격'한다

단순한 방어와 쇠퇴는 자기를 보존하는 데 일시적이고 부분적인 역할만 할 뿐 적을 소멸하는 데는 전혀 쓸모 없다.

전략 포인트 1

승리까지의 로드맵을 공유한다

37

마오쩌둥

최종 승리까지의 여정을 로드맵으로 만들어 주지시킨다.

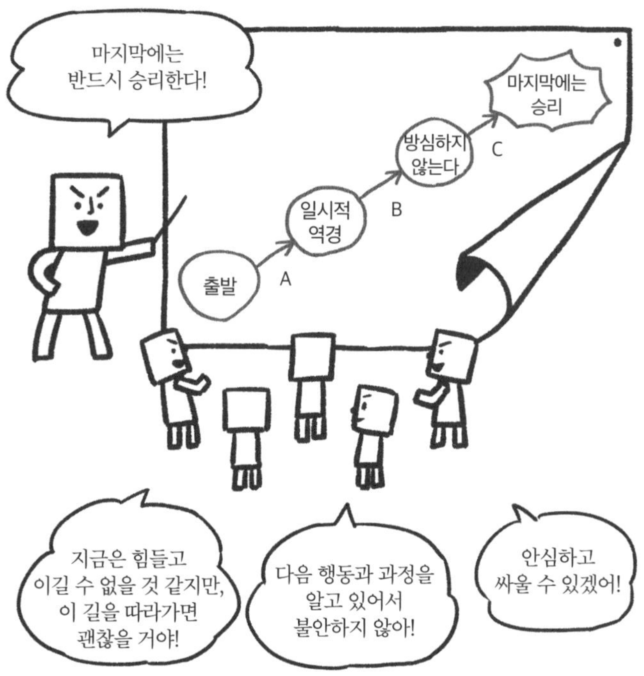
마지막에는 반드시 승리한다!
출발
A
일시적 역경
B
방심하지 않는다
C
마지막에는 승리
지금은 힘들고 이길 수 없을 것 같지만, 이 길을 따라가면 괜찮을 거야!
다음 행동과 과정을 알고 있어서 불안하지 않아!
안심하고 싸울 수 있겠어!

실천

앞으로의 길을 지도화해두면, 지금 이 순간을 객관적으로 보는 데 도움이 된다.

전략 포인트 2

자기 판단으로 싸울 수 있는 게릴라 부대를 육성한다

자율분산형 조직으로 국소 우위를 만든다.

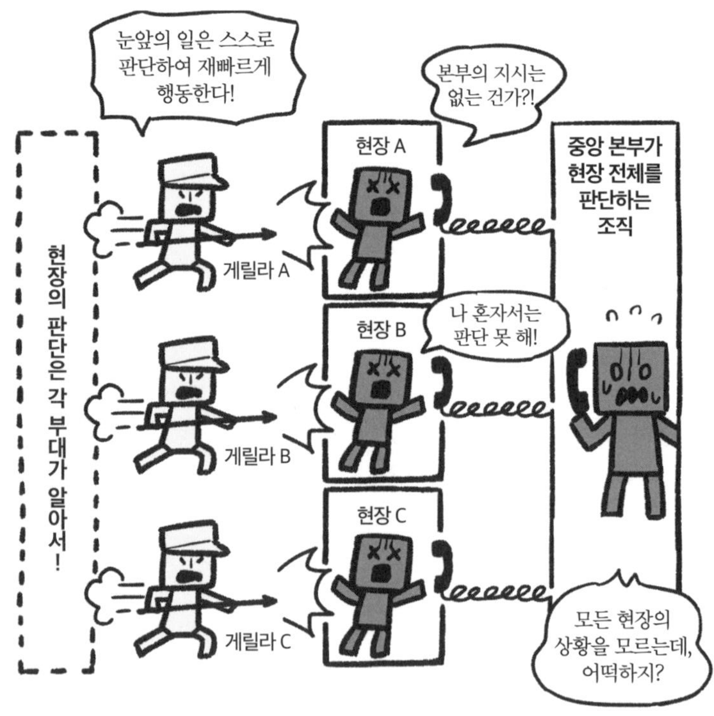
눈앞의 일은 스스로 판단하여 재빠르게 행동한다!
현장의 판단은 각 부대가 알아서!
게릴라 A
게릴라 B
게릴라 C
현장 A
현장 B
현장 C
본부의 지시는 없는 건가?!
나 혼자서는 판단 못 해!
중앙 본부가 현장 전체를 판단하는 조직
모든 현장의 상황을 모르는데, 어떡하지?

실천

마오쩌둥은 자율적인 조직으로 게릴라 부대를 만들었다. 최전선의 소부대는 자기 판단하에 전투에 나설 수 있었고, 덕분에 기동력과 대처력에서 일본군보다 뛰어났다.

전략 포인트 3

중국식 고등전략, '도망가면서 공격'한다

37
마오쩌둥

그저 방어하고, 도망가기만 해서는 안 된다. 도망가면서도 적을 공격할 요소를 만들어야 한다.

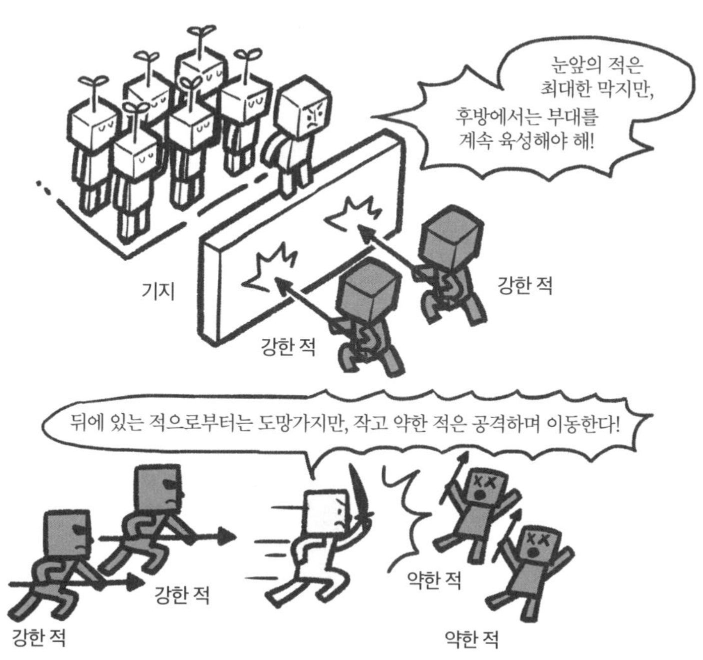

눈앞의 적은 최대한 막지만, 후방에서는 부대를 계속 육성해야 해!
기지
강한 적
강한 적
뒤에 있는 적으로부터는 도망가지만, 작고 약한 적은 공격하며 이동한다!
강한 적
강한 적
약한 적
약한 적

도망가면서도 공격할 요소를 양립시키면 최후의 승자가 된다.

실천

전략

38 베트남 전쟁

수평적 조직으로 압도적 군사력을 뒤엎는 전략의 힘

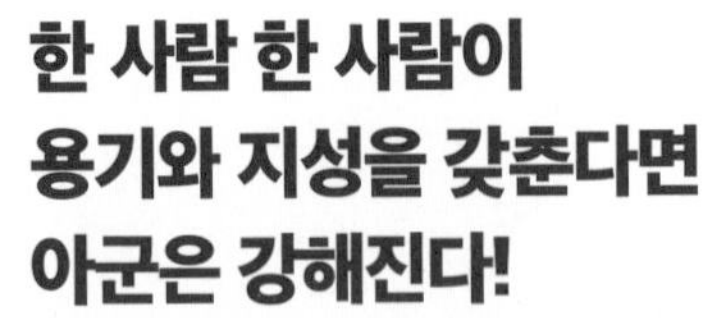
한 사람 한 사람이
용기와 지성을 갖춘다면
아군은 강해진다!

성립 과정

보응우옌잡은 1944년에 겨우 34명의 병사만으로 군사기구를 만들었다. 당시 미국은 최전성기로 54만 명이었다. 소수로 시작한 베트남 해방전선은 정교한 선전활동으로 전쟁에 대중을 끌여들였다.

생각한 사람

베트남 전쟁에서 해방전선을 지도한 보응우옌잡은 1911년 출생으로 프랑스, 일본, 미국의 식민지배에 저항한 '구국의 영웅'으로 추대되는 인물이다.

내용

민중을 아군으로 만들기 위해 우리의 적이 누구인지, 무엇을 위해 싸우는지, 그리고 어떤 미래가 우리를 기다리고 있는지 선전했다. 이후 학습한 병사가 교관이 되는 방식으로 조직은 증가일로를 걸었다. 수평적인 환경이 게릴라전에서 창의적인 아이디어를 만들어냈고, 그 결과 신출귀몰하는 강한 군대가 형성되었다.

고민

코끼리와 개미 같이 압도적인 차이가 있을 때,
개미는 어떻게 해야 이길 수 있을까?

해답

조직을 철저히 수평화하여 구성원 모두가
'무엇을 위해 경쟁하는지' 깨달아야 한다.
그렇게 되면 지성 있는 용기를 발휘하게 된다.

전략 포인트

① 수평조직으로 평등하게 의견을 제시할 수 있는 환경

게릴라전에서는 수장도 부하도 없이 모두 평등하게 작전을 논의하고, 수긍하지 못하는 사람이 한 명이라도 있으면 몇 시간이고 대화한다. 이것이 아시아 태평양 전쟁 당시 일본과 베트남의 차이였다.

② 무한증식하며 스스로 교육하는 조직

3명, 3인 3개 조에 리더 1명을 더해 총 10명이 한 분대가 된다. 실전에서 배운 사람이 새로운 3인조를 만들어 학습하며 분열과 증식을 반복한다.

③ '이해하기 쉬운 스토리'로 사람들을 내 편으로 만든다

(구연동화 형식의 연설) "토지가 없는 가난한 사람들이 있었다. 그들은 자유로워지고 싶었지만, 무기가 없었다. 반면에 이들 민중에 반대하는 부자들의 무기를 가진 외국인이 있었다. 그들은 자신의 꼭두각시들에게 무기를 주고 월급도 주었다. 그러나 그들은 싸우려고 하지 않았다. 그래서 외국인은 직접 싸워야만 했다. 반면 민중은 가난하지만 용감하여 외국인들의 무기를 빼앗았고, 지금은 외국인과 꼭두각시들을 상대로 싸우려고 한다."

전략 포인트 1

수평조직으로 평등하게 의견을 제시할 수 있는 환경

베트남 해방전선은 평등한 현장을 실현하여 승리할 수 있었다.

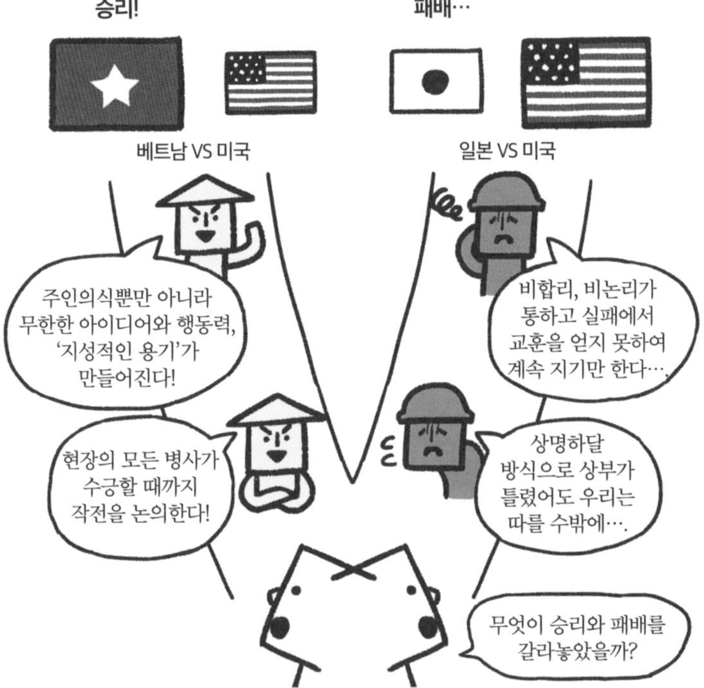
승리!
패배…
베트남 VS 미국
일본 VS 미국
주인의식뿐만 아니라 무한한 아이디어와 행동력, '지성적인 용기'가 만들어진다!
비합리, 비논리가 통하고 실패에서 교훈을 얻지 못하여 계속 지기만 한다….
현장의 모든 병사가 수긍할 때까지 작전을 논의한다!
상명하달 방식으로 상부가 틀렸어도 우리는 따를 수밖에….
무엇이 승리와 패배를 갈라놓았을까?

실천

베트남의 모든 병사는 상관과 논의하며 작전을 세웠다. 그 결과 저돌적인 진격 방식을 피해 효과적인 전투를 전개할 수 있었다.

전략 포인트 2

무한증식하며 스스로 교육하는 조직

38

베트남 전쟁

학습하며 분열과 증식을 반복한 해방군은 부대를 점차 진화시켰다.

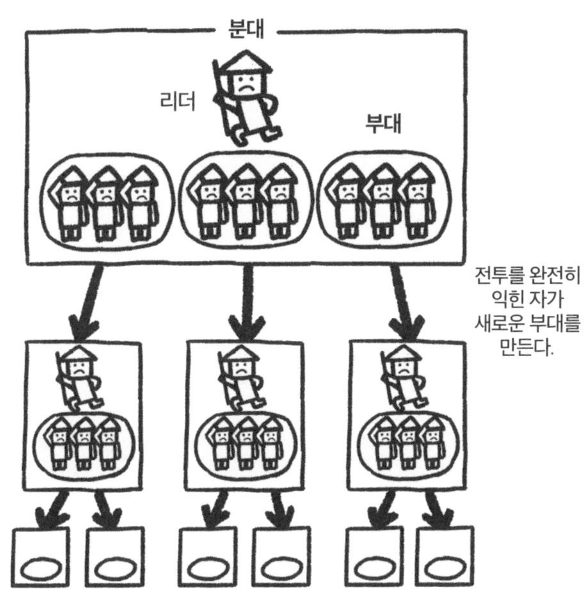
분대
리더
부대
전투를 완전히 익힌 자가 새로운 부대를 만든다.

전투를 익힌 자가
다음 지휘관이 되어 조직을 증식한다.

실천

무한히 분절하며 학습하는 조직이 있다면 천하무적이 될 수 있다.

전략 포인트 3

'이해하기 쉬운 스토리'로 사람을 내 편으로 만든다

전체상을 어려운 이론이 아닌 누구나 이해하기 쉽게 전달한다.

고상한 단어와
어려운 이론으로 설명

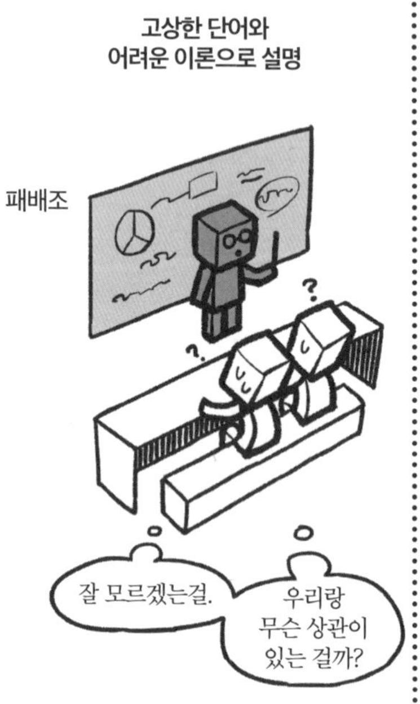
패배조
잘 모르겠는걸.
우리랑
무슨 상관이
있는 걸까?

연극이나 동화처럼
알기 쉽게 전달

승리조
이해하기 쉽고
마음에 와닿아.
내 미래가
걸려 있는 거군!

실천

어려운 이론보다는 생생히 그려지는 이야기나 연극이 사람들의 마음을 사로잡을 수 있다.

3000년 인류 지혜의
정수를 배우자!

참고문헌

1장 시대별 최고의 지략가

전략 1 《손자병법》, 손자 저.

전략 3 《갈리아 전기》, 가이우스 율리우스 카이사르 저.

전략 4 《칭기스칸, 잠든 유럽을 깨우다》, 잭 웨더포드 저, 사계절, 2005.

전략 5 《군주론》, 마키아벨리 저.

2장 경쟁 전략

전략 6 《마이클 포터의 경쟁전략》, 마이클 포터 저, 프로제, 2018.

전략 7 《기업 전략론(Strategic Management Competitive Advantage)》, Jay B. Barney and William S. Hesterly, Pearson, 2014.

전략 8 《성공하는 기업들의 8가지 습관》, 짐 콜린스 저, 김영사, 2002.

전략 9 《전략 프로페셔널》, 사에구사 다다시 저, 서돌, 2007.

3장 경쟁을 피하는 경쟁 전략

전략 10 《란체스터 전략입문(ランチェスター戦略入門)》, 田岡信夫, ビジネス社, 1972.

전략 11 《블루오션 전략 확장판》, 김위찬, 르네 마보안 공저, 교보문고, 2015.

전략 12 《우수성의 신화(The Myth of Excellence)》, Fred Crawford and Ryan Mathews, Currency, 2003.

전략 13 《그들은 왜 싸우지 않는가》, 야마다 히데오 저, 청림출판, 2016.

4장 기업 전략

전략 14 《도요타 생산방식》, 오노 다이이치, 미래사, 2004.

전략 15 《블록체인 혁명》, 돈 탭스콧, 알렉스 탭스콧 공저, 을유문화사, 2018.

전략 16 《마화텅과 텐센트 제국》, 린 쥔, 장위저우 공저, 린, 2016.

전략 17 《아마존, 니토리, 자라…굉장한 물류 전략(アマゾン、ニトリ、ZARA…すごい物流戦略)》, 角井亮一 著, PHP 研究所, 2018.

전략 18 《아마존, 세상의 모든 것을 팝니다》, 브래드 스톤 저, 21세기북스, 2014.

5장 실행 전략

전략 19 《전략 사파리》, 헨리 민츠버그, 브루스 알스트랜드, 조셉 램펠 공저, 비즈니스맵, 2012.

전략 20 《실행에 집중하라》, 래리 보시디, 램 차란 공저, 21세기북스, 2004.

전략 21 《하이 아웃풋 매니지먼트》, 앤드루 S. 그로브 저, 청림출판, 2018.

전략 22 《조직의 재창조》, 프레데릭 라루 저, 생각사랑, 2016.

6장 혁신 전략

전략 23 《지식창조기업》, 노나카 이쿠치로, 히로타카 다케우리 공저, 세종서적, 2002.

전략 24 《피터 드러커, 창조하는 경영자》, 피터 드러커 저, 청림출판, 2008.

전략 25 《성장과 혁신》, 클레이튼 M. 크리스텐슨, 마이클 E. 레이너 공저, 세종서적, 2005.

전략 26 《제로 투 원》, 피터 틸, 블레이크 매스터스 공저, 한국경제신문사, 2014.

7장 IT시대 전략

전략 27 《선두와 방해(Lead and Disrupt)》, Charles A. O'Reilly III and Michael L. Tushman, Stanford Business Books, 2016.

전략 28 《플랫폼 레볼루션》 마셜 밴 앨스타인, 상지트 폴 초더리, 제프리 파커 공저, 부키, 2017.

전략 29 《정보의 문명학(情報の文明学)》, 梅棹忠夫, 中央公論新社, 1999.

전략 30 《플랫폼 제국의 미래》, 스콧 갤러웨이 저, 비즈니스북스, 2018.

8장 전쟁 전략

전략 33 《전쟁론》, 카알 폰 클라우제비츠 저.

전략 35 《리델하트 전략론》, 바실 리델 하트 저, 책세상, 1999.

전략 37 《유격전론(遊撃戦論)》, 毛澤東, 藤田 敬一 · 吉田 富夫(翻訳), 中央公論新社, 2001.

전략 38 《수렁 만들기(The Making of a Quagmire)》, David Halberstam, Rowman & Littlefield Publishers, 2007.

1페이지 전략 수업
2021년 2월 3일 초판 1쇄 발행

지은이 스즈키 히로키
옮긴이 이정은
펴낸이 김상현, 최세현 **경영고문** 박시형

책임편집 김율리 **디자인** 임동렬
마케팅 권금숙, 양근모, 양봉호, 임지윤, 이주형, 조히라, 유미정, 전성택
디지털콘텐츠 김명래 **경영지원** 김현우, 문경국
해외기획 우정민, 배혜림 **국내기획** 박현조
펴낸곳 (주)쌤앤파커스 **출판신고** 2006년 9월 25일 제406-2006-000210호
주소 서울시 마포구 월드컵북로 396 누리꿈스퀘어 비즈니스타워 18층
전화 02-6712-9800 **팩스** 02-6712-9810 **이메일** info@smpk.kr

ISBN 979-11-6534-288-3 (03190)

• 이 책의 국립중앙도서관 출판시도서목록은 서지정보유통지원시스템 홈페이지(http://seoji.nl.go.kr)와 국가자료공동목록시스템(http://www.nl.go.kr/kolisnet)에서 이용하실 수 있습니다.
• (CIP제어번호 : 2020051696)

• 잘못된 책은 구입하신 서점에서 바꿔드립니다.
• 책값은 뒤표지에 있습니다.